À voix basse

Charles Aznavour

À voix basse

Don Quichotte éditions

© Don Quichotte éditions, une marque des éditions du Seuil, 2009

ISBN : 978-2-35949-001-5

Le Code de la propriété intellectuelle interdit les copies ou reproductions destinées à une utilisation collective. Toute représentation ou reproduction intégrale ou partielle faite par quelque procédé que ce soit, sans le consentement de l'auteur ou de ses ayants cause, est illicite et constitue une contrefaçon sanctionnée par les articles L. 335-2 et suivants du Code de la propriété intellectuelle.

À mon public
et
À tous ceux qui font et veulent faire
les mêmes métiers que moi.
Acteurs, chanteurs,
auteurs, compositeurs,
et
À cette génération montante,
ces futurs nous autres.

Certains ont de la mémoire, d'autres des souvenirs. Les souvenirs devraient couler d'une source parfumée, jaillie des lézardes de la mémoire, allant jusqu'au bras pour transiter du bras aux doigts et, au travers de la plume, venir sagement s'inscrire sur la feuille blanche. Hélas, ils ne se présentent pas chronologiquement mais nous assaillent en désordre, du temps présent à la naissance, de la naissance au temps présent.

Mon Dieu, que de faits oubliés nous reviennent à l'esprit après avoir emprunté les labyrinthes du je me souviens...

L'enfance et la jeunesse,
Ce n'est qu'aux alentours de la quarantaine,
Et grâce à mes enfants,
Que j'en ai connu enfin
Le goût et les parfums.

CHEZ NOUS, SUR LES MURS, il n'y avait aucun tableau : pas la moindre toile de maître, bien sûr, pas la moindre croûte quelconque, non plus ; simplement – images lancinantes d'un passé douloureux – les portraits d'une famille disparue Dieu seul sait où, Dieu seul sait comment. Notre vie d'émigrants aurait pu être un enfer, sans la joie et l'humour que mes parents y distillaient.

Oui, l'atmosphère était joyeuse car nous possédions un phonographe et nous nous procurions les derniers disques à la mode ; dans le salon, il y avait un piano et des partitions de chansons classiques et semi-classiques ; enfin, on y trouvait des instruments divers et variés. Ainsi, mon père jouait du târ[1], du kamentché[2] ou du deff[3], tandis que ma sœur Aïda ou bien ma mère l'accompagnait au piano. J'ai très tôt été bercé par la musique et le théâtre, car mes parents, véritables artistes et amoureux des arts, chantaient et jouaient la comédie bien avant de mettre le pied dans leur pays d'accueil. C'est d'ailleurs par le théâtre que la scène s'est ouverte à moi...

MON PÈRE AVAIT PRIS la gérance d'un petit café, rue du Cardinal-Lemoine, au cœur de Paris. Coïncidence heureuse, il y avait juste en face l'un de ces établissements que l'on nommait encore, à l'époque, « école du spectacle[4] ». Cette école était mixte, et mes parents nous y inscrivirent, ma sœur Aïda et moi. Nous n'avions qu'à traverser la rue pour nous y rendre. La particularité de l'endroit, c'était que les enfants qui jouaient au théâtre le soir ne venaient suivre des cours que l'après-midi ; ceux qui prenaient des cours de danse, ou de toute autre discipline, et qui avaient des répétitions l'après-midi, ne venaient que le matin. Je me souviens que lorsqu'un metteur en scène ou un directeur recherchait un enfant pour un rôle dans un film ou une pièce, il se présentait à nos professeurs, qui alignaient alors, en vue du choix, les élèves au fond de la cour ou sous le préau. Ainsi, le lendemain même de notre entrée à l'école, un metteur en scène me recrutait pour jouer dans la pièce allemande *Émile et les détectives*[5] au Studio des Champs-Élysées. J'y interprétais un petit Africain. Et c'est ainsi que, soudain, je me vis propulsé, emporté dans un tourbillon magique. Une audition et hop ! un premier rôle dans une pièce de théâtre – premier clin d'œil de la chance –, puis un autre, puis un troisième encore... Les apparitions et les rôles s'enchaînèrent, faisant de moi ce que l'on appelle un acteur – enfant certes, petit d'accord, mais acteur tout de même. Pas un grand bien sûr, mais j'étais si jeune au fond, cela avait-il de l'importance ? Attention, ma vie quotidienne n'en était pas moins celle d'un véritable comédien ! Je donnais la réplique aux grands dans les théâtres Marigny, de la Madeleine, de l'Odéon, puis je partais en tournée dans les villes de province, contrats en poche et cachets à la clef. Alors, je pouvais fièrement rapporter ma paie à la maison, pour aider la famille.

Si Aïda et moi n'avons jamais vraiment eu droit à l'enfance, notre vie, déjà régie par les responsabilités, a basculé tout à fait lors de la déclaration de guerre de septembre 1939. Jusque-là, notre famille vivait encore entre les larmes et les joies. Mais quand mon père est parti au front, quand nous l'avons accompagné à la gare, nous sommes passés sans transition à l'âge adulte, comme on franchit une rivière d'un bond. La guerre avait détruit le peu d'insouciance qui nous restait. Nous n'avons alors cessé de courir les rôles et les tournées, difficultés financières obligent, et Dieu merci, nous n'avons pas manqué d'engagements. Ajoutés aux travaux de couture qu'accomplissait ma mère, nos cachets nous permettaient de vivre, certes dans l'économie, mais sans trop nous priver. On a la jeunesse que l'on peut.

ÉTAIS-JE FAIT pour le monde du spectacle ? Qui pourrait le dire ? Personne, et surtout pas moi. La question, tout simplement, ne se posait pas, car entre la pauvreté et la queue du diable, ma sœur et moi n'avions guère le choix. Si je devais résumer les choses, je dirais qu'un jour une porte s'est ouverte et que, sans y réfléchir plus avant, nous nous sommes faufilés dans l'entrebâillement. Une main nous était tendue par le destin et nous nous en sommes saisis. Nous avons alors été pris dans l'engrenage de la scène. Pas du succès, non : à neuf, dix ans, il ne nous importait que très peu. Cela n'a pas empêché les opportunités théâtrales de devenir notre raison de vivre. Elles nous apprenaient à exprimer des émotions et nous permettaient de rencontrer des êtres exceptionnels de tous âges et de toutes disciplines. Nous savions – et je le sais encore aujourd'hui – que la chance, lorsqu'elle daigne se présenter, ne le fait pas deux fois, et que lorsqu'elle se montre, même timidement, eh bien il faut l'attraper, et ne plus la lâcher !

Le métier de la scène, ce métier que je pratique maintenant depuis 1933, je n'ai finalement jamais choisi de l'exercer : il s'est introduit en moi d'un seul coup, sans que je m'y attende. Alors que j'étais encore un tout jeune enfant, il m'a semblé un jour que l'on avait ouvert des vannes et qu'un flot de notes et de mots s'en était échappé pour inonder mon univers, déjà baigné par les arts du spectacle. Je voulus être acteur, mais pas un acteur bohème. Non, je me voyais dans la classe des comédiens convaincants, appréciés, et surtout sans problème d'emploi (sorti de l'école avec le plus mince des bagages, je ne visais pas la réussite, mais la survie). En devenant chanteur, j'ai en quelque sorte abandonné mon premier amour. Comme un amant désireux d'assurer son futur, j'ai délaissé l'être adoré pour tenter ma chance dans d'autres bras. La vie en a décidé ainsi et je ne m'en plains pas car je n'ai pas eu à quitter le monde du spectacle.

MES CLASSES, JE LES AI FAITES sur scène. Cela ne requérait aucun diplôme : ni brevet élémentaire, ni brevet supérieur, ni bachot, comme on disait à l'époque. Pour le reste, je suis un autodidacte, un vrai ! Tout ce que je sais, je l'ai appris uniquement par moi-même. Jamais je n'ai fréquenté ni le lycée ni l'université. Ma culture, je me la suis forgée dans la rue et dans les livres, et grâce aux conseils de lecture que je parvenais à glaner ici et là. Je me suis rarement endormi sans lire quelque chose et, chaque jour qui passe, je continue à apprendre, comme si j'allais vivre encore mille ans.

Mais, permettez-moi cette parenthèse, se forger une culture sans avoir le bonheur d'être guidé, sans personne pour nous ouvrir des horizons et nous éclairer, voilà qui est probablement l'une des choses les plus difficiles au monde. L'intelligence instinctive privée de l'aiguillon d'un maître ou d'un entourage fin et apte à ouvrir l'appétit du savoir, dépourvue de repères, est tout bonnement livrée à elle-même.

Le conseiller qui vous cite les vingt-cinq livres « qu'il faut avoir lus » ne fait jamais que vous offrir des kilos de papier, rien d'autre. À vous de vous débrouiller avec ça – d'autant que ses goûts ne sont peut-être pas de qualité première. Et puis Sophocle, Aristophane et les autres, lorsqu'on a douze ou quatorze ans, c'est tout de même difficile à digérer... Je me revois encore, m'efforçant de lire jusqu'au bout sans comprendre grand-chose. Au fond, un bon maître de conférences, un professeur aimant sa classe et ses élèves, n'est-ce pas ce qu'il peut y avoir de mieux pour donner à l'esprit le goût de la littérature et du savoir ?

Cependant, je ne pense pas que la pauvreté soit une excuse pour ne pas apprendre. Je dirais qu'au contraire elle doit agir comme un moteur, avant de devenir levier et de soulever le rideau de plomb de la misère. Apprendre ne devrait pas être une contrainte, mais un plaisir débouchant sur le bonheur d'en savoir un peu plus. Les livres coûtent cher, me rétorquerez-vous. Mais non ! Il existe des collections de poche riches et intelligemment faites dans lesquelles on peut aujourd'hui trouver de tout. On s'y construit à moindre coût une fantastique bibliothèque. Non, la curiosité ne subit pas la hausse des prix. Et la vue comme l'ouïe, aidées par la mémoire, peuvent, si l'on en a envie, faire des merveilles, embellissant notre existence. Qui plus est, tout ce que nous n'avons pas appris à l'âge où l'on retient le mieux les choses, nous avons souvent bien plus de difficultés à l'assimiler plus tard. Alors mieux vaut s'y atteler le plus tôt possible.

C'est d'abord grâce à ma curiosité et à mon insistance à apprendre que, venu de nulle part, j'ai réussi à arriver là où je suis. Mais il ne faut pas s'y tromper, je ne parle pas ici de réussite professionnelle. Celle-là, au fond, elle est à la portée de tout un chacun. Avec un peu de talent, de chance – parfois avec un papa riche –, on peut aller très loin. Non, je parle de l'autre part de moi-même, celle qui ne trône pas sur le piédestal où le destin m'a placé. Je parle du petit garçon, fils d'émigrants, d'apatrides, avec ses lacunes et son manque de certitudes.

DANS LES CONVERSATIONS, je parlais peu. Je me rendais compte de mes lacunes, et puis je me sentais étranger, ou plus exactement sans nationalité. Il faut dire que mes parents ne nous parlaient que des artistes de leur pays d'origine, ou alentour : Tchekhov, Stanislavski[6], Gogol, ou encore Sayat Nova[7]... C'étaient des Russes, des Persans, des Arméniens, mais jamais des Français, des Grecs ou des Américains, ceux-là mêmes que je pensais devoir connaître. Ma mère maîtrisait bien les mélodies françaises semi-classiques, comme les airs de Reynaldo Hahn[8], et mon père nous emmenait au cinéma deux fois par semaine, si bien que nous connaissions le nom de toutes les vedettes d'alors. Il achetait sans cesse des disques : tango, musique orientale, derniers succès de l'époque, avec une prédilection pour Tino Rossi... Mais cela ne suffisait pas à faire de nous des enfants à la page.

Toute ma vie, donc, j'ai été habité de doutes, que j'ai dissimulés derrière mes sourires, pensant qu'il ne fallait pas laisser trop entrevoir mes faiblesses. Par peur de dire des âneries, j'ai pris l'habitude de me taire, d'écouter et de m'instruire. Déjà que je ne comprenais pas parfaitement ce que j'entendais, si en plus j'avais ouvert la bouche pour débiter des lieux communs et des bêtises, je ne saurais toujours pas grand-chose aujourd'hui ! Je ne prétends pas être devenu un encyclopédiste avec le temps, ni même un fin lettré, mais disons que mes connaissances tiennent à peu près la route... Et puis il y a l'expérience, qui joue aussi son rôle : il m'arrive parfois de faire illusion autour de moi, pour ce que j'ai vu, vécu et emmagasiné. C'est l'avantage, me direz-vous, d'un métier exercé dès l'âge de neuf ans, et sur le tas.

Comme le théâtre devenait mon lieu de prédilection, j'étais de toutes les auditions et de tous les rendez-vous utiles. Très tôt, je fréquentai les promenoirs des music-halls, les théâtres et les cinémas de quartier pour me remplir le cœur et l'esprit de ce que Paris proposait au public : le spectateur que j'étais avait une préférence pour Sacha Guitry. Je me mis aussi à écouter la radio de nuit et à lire. Déjà, à l'époque, je n'avais pas besoin de beaucoup de sommeil, cinq à six heures me suffisaient amplement pour me lever en pleine forme. Cela me fut bénéfique. Pour quelqu'un dont la curiosité et le besoin d'apprendre étaient très forts, il faut dire que c'était une sacrée chance ! Heureusement, tout dans mes lectures ne me paraissait pas aussi ardu que Sophocle. J'eus le bonheur de rencontrer Victor Hugo – pas personnellement, bien sûr, ce que je regrette – à travers ses poèmes et romans. Quel plaisir, pour l'ignare que j'étais, de se plonger dans le génie de tonton Victor !

Vinrent Molière et ses *Femmes savantes*, dont je récitais par cœur les rôles féminins, et enfin La Fontaine, mon quatrième mousquetaire. Cette bande-là, Guitry, Hugo, Molière et La Fontaine, se trouve en bonne place dans ma bibliothèque. Je crois pouvoir encore me souvenir de cette réplique d'Armande : « Quoi ? Le beau nom de fille est un titre, ma sœur / Dont vous voulez quitter la charmante douceur / Et de vous marier osez faire fête ? » ; et puis encore : « Murs, ville / Et port / Asile / de mort… » (*Les Djinns*) ; sans oublier : « Du palais d'un jeune Lapin / Dame Belette un beau matin / S'empara ; c'est une rusée » (*Le Chat, la belette et le petit lapin*). Rimes et rythme, langue et style, tout cela, c'est à ces auteurs que je le dois.

Chez combien de personnes ai-je vu s'étendre des rayons inertes de livres dont les magnifiques couvertures semblaient n'avoir pas été effleurées depuis des décennies, sinon des siècles ! Sans prétendre en avoir tout retenu, je suis fier de dire que j'ai lu les livres qui trônent dans ma bibliothèque. C'est le petit quelque chose qui reste de chacune de mes lectures qui m'a permis de devenir, non pas un homme de culture (ça se saurait !), mais un homme de plume. Aujourd'hui, mes amis, qui sont comme moi de grands lecteurs, envient le contenu de cette bibliothèque, et moi qui ai longtemps souffert de n'avoir jamais dépassé l'école primaire, moi qui ne suis pas d'une intelligence supérieure mais qui ai l'avantage de connaître mes limites, je m'assume pleinement comme je suis. Lorsque j'entends dire à propos de tel jeune homme qu'il « n'a pas le niveau pour passer le bac », je ne peux m'empêcher de me revoir enfant, moi, à qui mon école contestait même le niveau nécessaire pour présenter le certificat d'études ! À l'époque, loin de céder au découragement, je m'étais inscrit dans une autre école, où je l'obtins. Ce diplôme, mon unique prix « littéraire », le seul qui compte vraiment à mes yeux, je l'ai malheureusement perdu, et il m'est impossible d'en obtenir un duplicata. Pensez donc, cela fait soixante-quatorze ans ! C'est dommage, car il symbolise mon premier combat gagné contre le pessimisme d'autrui, et en cela, il a contribué à forger mon caractère. Heureusement d'ailleurs, car je devais mener bien d'autres combats de ce genre par la suite, mais contre les critiques cette fois. Grâce à cette expérience, j'ai appris à ne jamais baisser les bras et, surtout, à ne pas prendre pour argent comptant tous les « moi, je sais que tu ne vaux rien... ». Je me suis fait mon seul arbitre, et je crois bien que j'ai eu raison.

Pour preuve, j'ai reçu de très hautes distinctions dans nombre de pays et, comble d'ironie, je suis docteur honoris causa de trois universités dans le monde. Moi qui rêvais d'obtenir une simple licence de lettres, je me suis vu attribuer, au bout du chemin, la grande médaille de l'Académie française. Pas si mal, en fin de compte. Mais je prends tout cela avec recul et humour car je n'aimerais pas sentir ma tête enfler, enfler, en me regardant dans un miroir. Alors, quand je demande aux recteurs d'université qui m'intronisent si je suis le premier élève d'école primaire à porter le chapeau carré et, mieux, quand j'entends leur réponse affirmative, je me repasse intérieurement, tout en gardant un air très sérieux, cette réplique signée Michel Audiard dans *Un taxi pour Tobrouk* : « Je me marre, je me marre. »

>On m'a fait chevalier de ceci,
>Chevalier de cela,
>Alors que je me suis donné
>Un mal de chien
>Pour devenir Aznavour.

Mais revenons à nos affaires. Dans la France de ma jeunesse, les arts du spectacle foisonnaient. Le théâtre possédait ses scènes nationales, ses classiques, son conservatoire. Et il en était de même pour la musique. Chez soi, on pouvait apprendre tout Molière, Corneille, Racine, sans oublier les auteurs étrangers. Mozart, Verdi, Debussy, Ravel et tant d'autres formaient le goût et la technique de celui qui voulait faire de la musique son métier. Mais l'art populaire dans tout ça ? Et la chanson ? Rien ne leur était accordé. Rien du tout ! La chanson, elle était considérée par tout un chacun comme un art mineur. Ce n'est que depuis les deux dernières décennies que l'on commence à la prendre un peu plus au sérieux – mais pas au point, tout de même, de lui consacrer, comme aux États-Unis, des classes musicales dans les universités. En mon temps, que voulez-vous, il fallait se débrouiller tout seul : voilà pourquoi les Charles Trenet, les Georges Brassens et tous ces grands auteurs-interprètes qui font la gloire et le prestige du patrimoine français nous sont apparus d'un coup, comme sortis du bois. Eux aussi s'étaient débrouillés seuls, car l'époque le voulait ainsi.

Une musique populaire sans paroles
Est une chanson orpheline.

Je vouais d'ailleurs une admiration sans bornes à Charles Trenet et à sa chanson *Je n'ai pas changé*. J'eus le bonheur de le rencontrer très brièvement au temps où j'étais encore un joyeux anonyme. J'en fus marqué à vie : je jouais à l'Alcazar de Marseille dans une revue dont la vedette était le comédien et chanteur Berval. Charles, qui faisait alors son service militaire à Istres, était venu lui proposer deux chansons, *Ma ville* et *Mon bateau d'amour*, que Berval refusa, me semble-t-il. Je devais le retrouver plus tard aux éditions Raoul Breton[9], dont il a été un fidèle jusqu'à la fin de ses jours.

Mais j'appréciais aussi les auteurs-interprètes tels que Georgius[10], Jean Tranchant[11], Mireille et Jean Nohain[12], bien sûr, et les grands auteurs comme Raymond Asso[13]... Plus tard seulement viendraient Béart, Brassens, Brel, Ferré et j'en passe... Moi, pas impressionné pour un sou, j'observais tout ce beau monde, bien décidé à n'imiter personne et à trouver le moyen de sortir du lot : c'est ainsi que j'en vins à imaginer des chansons en forme de situations théâtrales, qui me permettraient d'évoquer le quotidien dans des textes et une forme auxquels le public pourrait s'identifier. Je me représentais une sorte de dialogue, très proche de ceux que l'on pouvait entendre dans certains films, et surtout au théâtre, dont j'avais été nourri. Je n'avais pas envie, surtout pas ! d'écrire des chansons dans le style de celles que j'écoutais à la radio. Cela ne veut pas dire que je ne les appréciais pas, bien au contraire. Mais ce qui m'importait, c'était de raconter la vie telle que je la voyais vécue autour de moi, sans fioritures, sans sertir l'ensemble d'une belle versification en alexandrins. Je n'avais pas la prétention d'être un poète. Jamais je n'avais, comme d'autres jeunes gens de mon âge, écrit et envoyé des poésies à une fille. Pour y dire quoi ? Des mots et des phrases que l'on emploie uniquement pour séduire, en se creusant la tête et en copiant nos grands auteurs ? Je voulais, d'une façon plus directe, plus naturelle, dire « je t'aime », « j'ai envie de toi », « tu me fais du mal ». Exprimer des choses essentielles avec des mots simples me paraissait déjà être le summum du talent d'un auteur de chansons. Et puis, comme ce fut souvent le cas en littérature, peinture, sculpture, théâtre et cinéma, je voulais que l'on se reconnaisse dans mes sujets et mon langage. Je n'ai d'ailleurs jamais inventé une histoire ou une situation : la vie me les a offertes et je les ai transcrites.

> Je me suis servi des mots
> Pour décrire mes maux
> Et j'y ai gagné des migraines.

J'étais persuadé, pauvre de moi ! que la presse se hâterait de remarquer la différence et la nouveauté. Eh bien figurez-vous que non. Les journalistes n'apprécièrent pas du tout. Ils ne voulurent voir que mon physique « ingrat », disaient-ils – écrivaient-ils même –, doublé d'une voix « horrible » sur fond d'œuvres « peu populaires ». Heureusement pour moi, les vedettes de la chanson, elles, furent immédiatement conquises : Édith Piaf, Jacqueline François, Patachou, Philippe Clay[14], Marcel Amont et tant d'autres inclurent très vite plusieurs de mes titres à leur répertoire. Je tentai d'en proposer à Maurice Chevalier, mais malheureusement, il ne les interpréta pas. Ce fut tout de même pour moi l'occasion de rencontrer l'illustre personnage.

> Vous auriez bien un petit texte qui traîne
> Dans un de vos fonds de tiroir ?
> Hélas non, mon cher ami,
> J'ai pris la décision de ne plus écrire
> Pour les tiroirs,
> Mais pour le public.

Cela ne m'empêchait pas de rester un personnage de seconde zone, qualifié partout de « chanteur à bides », se produisant dans des cabarets tendance boîte de nuit russe ou Crazy Horse, où les effeuilleuses suscitent bien plus d'intérêt chez le spectateur que l'artiste. Une fois sur quatre, je réussissais à faire un petit succès d'estime, pas plus. Alors j'apparaissais dans des bals de banlieue ou pendant les entractes des cinémas de quartier et de périphérie, sans micro, accompagné seulement d'un pianiste. Ah, j'en ai entendu des claquements de strapontins, j'en ai vu des spectateurs sortir fumer pendant le tour de chant pour ne revenir qu'au début du film ! J'en ai reçu des objets sur la scène, et de la petite monnaie ! Sans compter les quolibets désobligeants, et les sifflements... Il fallait avoir le cœur bien accroché, le besoin de bouffer et une détermination à toute épreuve pour continuer à croire qu'un jour viendrait et que ce jour-là... Je me souviens encore d'une épreuve à la fois terrible et comique : un humoriste, célèbre à l'époque, nommé Champi, m'avait pris en sympathie. Un soir, il me proposa de le remplacer dans un restaurant du bois de Boulogne, l'Orée du bois. J'étais ambitieux, sans être pour autant arriviste. Je n'aurais pas fait n'importe quoi à n'importe quel prix mais je savais accepter les remplacements et servir à l'occasion de bouche-trou pour gagner quatre sous. À l'Orée du bois donc, on proposait des attractions au cours du dîner et le patron avait eu l'heureuse idée (heureuse pour lui) de donner le nom d'un plat à chacune d'entre elles. Champi était le fromage. Lorsque je vins prendre sa place le soir convenu, ledit patron me congédia à la fin de ma prestation, sans même rétribuer le fruit de mon travail. Le fromage, qui ne fait pas bon ménage avec les chansons tristes, n'était pas de son goût...

> Pour faire du succès,
> Il vaut mieux mouiller sa chemise
> Que sa culotte.

C'est qu'il en a mis du temps à se présenter, le jour tant attendu de la consécration ! Heureusement qu'en ce temps-là, ma famille était présente, confiante et sereine. Sans oublier les amis chaleureux, Édith Piaf, Jacqueline François, Raoul Breton, Jean-Louis Marquet[15], ou encore Florence Véran[16] et Richard Marsan[17], qui persistaient à croire que l'on finirait par m'écouter au lieu de m'entendre. Aucune maison de disques ne voulait de ma voix embrumée. Aujourd'hui, quand je vois que l'on fait appel à des ingénieurs du son pour remettre en place la voix de tel chanteur sous prétexte qu'il chante légèrement faux, je ne peux m'empêcher de trouver cela dommage : les défauts font partie intégrante de la personnalité et de la valeur d'un artiste.

Toujours est-il que même l'éditeur et producteur Eddy Barclay, que je connaissais bien (et qui par la suite m'a acheté fort cher pour m'intégrer à son catalogue), me refusait en tant que chanteur, se contentant de me commander des œuvres pour ses artistes. Ainsi je contribuai aux premiers grands succès d'Eddy Constantine avec *Je t'aime comme ça* et *Bâiller et dormir*.

On ne m'a pas mis sur terre
Pour me tuer à travailler
Mais pour vivre à ma manière
Et goûter à la liberté
Et rêver, et sourire
Et bâiller, et dormir.

L'éditeur Raoul Breton[18], un Berrichon têtu qui avait découvert Charles Trenet et qui s'obstinait à croire en moi, réussit finalement à me faire engager à un taux de redevance misérable chez Ducretet-Thomson, une maison de disques ayant notamment sous contrat le chef d'orchestre Franck Pourcel, et possédant un prestigieux catalogue de musique classique. Évidemment, sur les ondes, j'étais persona non grata : on ne passait pour ainsi dire jamais mes chansons.

Il m'a fallu de l'opiniâtreté, peut-être même un peu d'inconscience, mais de galas en galères, j'ai tenu, porté par une mer parfois clémente, souvent houleuse. Tel un plongeur sous-marin remontant à la surface pour prendre sa respiration, je faisais nombre d'allers-retours au Québec où, curieusement, contrairement aux journaux français qui me démolissaient, la presse se montrait chaleureuse à mon égard. Le temps passant, même en France, un petit cercle d'habitués, puis d'aficionados, avait fini par se constituer autour de moi. En 1954, mon premier disque *Viens pleurer au creux de mon épaule* fut un succès, ainsi que le deuxième *Les Deux Guitares*. Petit à petit, ma brumeuse voix rendit mes chansons populaires et la mise en scène théâtrale et surprenante de certains titres comme *Je m'voyais déjà* commença à séduire le public.

    La plupart du temps, ce n'est pas la presse qui fait un artiste : il se fait tout seul, elle le découvre et vient au secours du succès et de la reconnaissance. Eh bien dans mon cas, les choses furent encore différentes : on m'avait jusque-là traité de marginal, on m'accusa d'être commercial ! Cela dit, en général, les journaux se contentaient de m'ignorer, si bien que je ne dérangeai personne et passai, lentement mais sûrement, de l'anonymat au vedettariat sans transiter par l'appellation « Révélation de l'année ». J'eus l'heureuse surprise de constater ce changement à l'occasion d'un accident de voiture. Alors que les médias avaient enfin trouvé une bonne raison de s'intéresser à ma personne – raison qui, malheureusement, n'avait rien à voir avec mes qualités artistiques –, je reçus à l'hôpital un grand sac postal rempli de lettres d'anonymes. On m'encourageait à tenir le coup et l'on me donnait rendez-vous à ma prochaine apparition sur scène. Ainsi le public était là, fidèle des fidèles, bien avant la presse. J'en fus très touché.

Aujourd'hui, après avoir été méchamment critiqué, après avoir été conspué, après avoir traversé les pires moments de découragement et de doutes, me sentir en fin de compte estimé et aimé du plus grand nombre est, je l'avoue, la plus belle des victoires. Autant dire que des expériences comme celles-ci m'ont appris à me désintéresser des critiques et des récompenses officielles.

> Il faut mépriser la gloire,
> M'a-t-on dit.
> Je n'ai jamais eu de mépris
> Pour rien ni personne
> Et puis, en y pensant bien,
> La gloire,
> Ça n'a pas que des mauvais côtés.

SI SEULEMENT VOUS SAVIEZ combien de fois j'ai espéré obtenir le prix Charles Cros[19]... Chaque année, je guettais, je m'impatientais, je brûlais de découvrir mon nom dans la liste des bienheureux. Oh oui, j'ai rêvé de l'obtenir ce grand prix, et pendant vingt ans. Vingt ans ! Deux décennies ! Chaque année, bien sûr, je devais ravaler mes illusions. Et puis un jour, alors que je venais d'accrocher au mur de ma cave mon quatorzième trophée, alors que je n'attendais plus rien, alors que j'avais pris le joyeux parti de m'en foutre comme de mon premier hochet, on m'annonça que l'académie avait daigné me l'accorder ! S'agissait-il d'une erreur, ou bien n'avait-elle pas réussi, cette fois-là, à mettre la main sur un futur inconnu de talent ? Était-ce de guerre lasse qu'elle avait consenti à me le lâcher... ? Je ne vous dirais pas, ce serait vous mentir, qu'à l'annonce de cette nouvelle, j'ai fait un saut au plafond ; que nenni ! Disons que je me suis tranquillement posé la question : « J'y va-t-y, j'y va-t-y pas ? » Et tout aussi tranquillement, j'ai décidé que non, je n'irais pas le chercher. Ce trophée tardif ne fait donc pas partie de tous ceux qui ont pris place chez moi et, croyez-le ou non, son absence ne fait pas un trou dans ma collection !

Les prix ne pèsent guère face à l'amour du public. Il est bien le seul qu'il nous faille préserver tout au long de notre carrière. C'est pourquoi, quelles que soient les difficultés, jamais je ne me suis présenté sur scène en mauvais état et, surtout, jamais je n'ai puni la salle pour les spectateurs qui n'étaient pas venus. Je me rappelle certains de mes camarades – peu, mais j'en ai connu – qui travaillaient moins bien lorsque la salle n'était pas pleine. Moi, j'ai toujours mis un point d'honneur à faire le contraire : je travaillais presque mieux ! Je me donnais deux fois plus de mal pour que, le lendemain, ce peu de public puisse dire à ceux qui ne s'étaient pas laissé tenter par « l'enroué vers l'or » et « le qu'a le son court » : « Tu n'es pas venu ? Eh bien tu as eu tort. » Je mettais tout mon cœur et tout en œuvre pour que, lors d'un nouveau passage dans la ville en question, mon audience soit plus large. Pourquoi donc en vouloir aux spectateurs présents de la défection des absents ? Au contraire, nous devrions parfois remercier ces absents car c'est bien dans la difficulté qu'on apprend le mieux. Et puis j'ai remarqué une chose : lorsqu'une moitié de la salle est vide, l'autre moitié, comme pour encourager l'artiste, se trouve être un plus formidable public encore.

> Quand un artiste fait un triomphe,
> Il ne le doit qu'à son seul talent.
> Quand il fait un bide,
> C'est généralement la faute des autres
> Et du public.

Un jour, un chanteur de retour d'un gala en Allemagne me dit tout net : « C'est un public à la con, je n'y retournerai jamais plus ! » Quelle erreur ! pensai-je en moi-même. J'eus envie de lui répondre que ce « public à la con » n'en mourrait pas, qu'il y retourne ou non, et qu'il y en aurait bien d'autres, des artistes capables de l'enchanter d'autant mieux. J'eus même envie d'ajouter un mot de Napoléon : n'affirmait-il pas, en effet, qu'il n'y a pas de mauvaise armée mais seulement des généraux incompétents ? Qui donc va au spectacle dépenser son argent pour passer une mauvaise soirée ? Probablement personne. Comme Napoléon donc, je dirais qu'il n'y a pas de mauvais public mais de mauvaises pièces, de mauvaises chansons ou de mauvaises interprétations et, souvent à l'étranger, une mauvaise compréhension de la langue et de l'esprit de l'artiste.

Quand on se produit ailleurs que dans son pays, mieux vaut en effet se familiariser par avance avec l'endroit où l'on va, le genre de public que nous allons rencontrer, ses goûts, et surtout se faire une idée de ce qu'il attend de nous, Français. Le public est comme n'importe qui : il faut s'intéresser à lui si l'on veut qu'il s'intéresse à nous. C'est bien la moindre des politesses. N'oublions jamais qu'à l'étranger, nous ne représentons pas seulement notre personne mais aussi notre pays (voilà, au passage, pourquoi je hais ces gens qui volent les serviettes dans les chambres d'hôtel. Je n'aime pas que l'on dise de nous : « Ah, les Français... ! » avec des regards entendus).

Lors de mes premiers spectacles à l'étranger, j'ai donc refusé de succomber aux clichés et de prendre le public pour un imbécile. Des professionnels me conseillaient de glisser dans mon tour de chant des succès français connus, éprouvés, aimés comme : *La Vie en rose*, *C'est si bon*, *Pigalle* et même *Frère Jacques* ! Je m'agaçai passablement de ces sollicitations et je pris soin de ne jamais chanter autre chose que ce que j'avais moi-même prévu. Autour de moi, les critiques et les avertissements fusaient : « Vos sujets de chansons sont tristes, voire dramatiques. Notre public attend d'un Français de l'optimisme. » Tu parles d'un optimisme !

Mourir d'aimer, *La Mamma*, *Hier encore* n'avaient pas été écrites pour que les Américains se tapent sur les cuisses en riant aux éclats. Alors, j'ai tenu, têtu, déterminé. « Ils me prendront comme je suis, ou pas du tout. » Cela a demandé un peu plus de temps, mais j'ai finalement réussi à imprimer ma marque, et à ne pas flouer le public étranger. Aujourd'hui, ce même public accepte et redemande du *À ma fille*, *Comme ils disent*, *Et moi dans mon coin*, et tant d'autres chansons qui, bien traduites, font de moi un artiste dont les textes flirtent avec certaines de ses préoccupations. Si bien que nos amis d'outre-Atlantique s'y reconnaissent.

Le public étranger m'a enseigné bien des choses, et m'a donné un jour une leçon déterminante pour la suite de ma carrière. Lorsque je fis ma première tournée en URSS, en 1963, un événement étrange se produisit : je donnais un récital de trente titres, mais jamais je ne parvenais à quitter la scène avant d'en avoir chanté soixante ou plus. C'est qu'à l'époque, en Union soviétique, on ne trouvait pas encore à la vente les disques étrangers. Aussi, de même que nous nous repassons sans cesse la chanson que nous aimons, le public russe, privé de notre quarante-cinq tours, remettait à sa manière le disque en marche : à coups d'applaudissements, il me forçait à chanter la même chanson encore et encore ; une fois, deux fois, parfois cinq ! Gêné de produire toujours la même interprétation, je donnais rapidement des instructions à mes musiciens et nous changions le rythme, le tempo, le style. J'y prenais énormément de plaisir, le public aussi. J'avais l'impression que l'on venait d'ouvrir une classe pour la chanson au conservatoire et que, chaque soir, je devais me livrer à de nouveaux exercices. Je crois n'avoir jamais connu autant d'émotion et de joie pendant un récital.

B<small>IEN SÛR, AVANT CET ÉPISODE</small>, il m'arrivait de faire varier mes interprétations, mais c'était toujours pour rendre hommage à mes prédécesseurs. Il fut un temps où je m'amusais à imiter l'entrée en scène de mes artistes préférés. Édith Piaf, par exemple, faisait mine d'arriver dans un lieu qu'elle ne connaissait pas. Elle paraissait comme surprise d'y rencontrer le public. Fernandel, lui, se présentait avec les bras un peu ouverts en avant de son corps, comme pour forcer les poules à rentrer dans le poulailler, avec l'air de celui qui va vous en raconter une bien bonne. Maurice Chevalier, calmement, marchait droit vers le fond du plateau, son célèbre canotier collé le long de sa cuisse droite. Arrivé au centre, il bifurquait vers le public, se plantait à l'avant de la scène, posait son canotier, penché, sur sa tête, et gratifiait la salle de son extraordinaire sourire. Yves Montand surgissait en faisant semblant de terminer une conversation avec quelqu'un en coulisses et, bien sûr, une grande partie des spectateurs s'imaginait que c'était à Simone Signoret qu'il s'adressait. Charles Trenet venait à l'avant-scène en triturant son chapeau d'une main. Une fois au centre, face au public, il écarquillait les yeux, sautillait sur ses talons sans relever la pointe des pieds et, pendant l'introduction de sa chanson, plaçait son chapeau bien en arrière de son crâne.

Et vous ? me direz-vous. Chez moi, l'entrée en scène s'est imposée d'elle-même et je n'ai pas cherché à en changer. Je découvre mon public avec une sorte de timidité. Je vais au-devant de lui, à l'avant-scène, j'accepte ses applaudissements, je fais un signe à mon chef d'orchestre puis je me retourne comme pour contrôler que tout est bien en place. Alors seulement, je commence mon tour de chant. Mais si je devais dévoiler l'entrée la plus élégante à mes yeux, je citerais Georges Ulmer[20]. Ah, j'aurais aimé faire comme lui, mais ça n'est pas donné à tout le monde, croyez-moi. Il semblait glisser sur le sol, sans heurt, souple, avec une manière indéfinissable que je ne peux pas décrire, mais que je qualifierais de classe innée.

Même si je ne ressemble à personne,
Je suis le résultat de tout ce qui m'a précédé,
Imprimant en moi une expérience et un savoir-faire
Dus à une mémoire oubliée.

L'ADMIRATION QUE L'ON PORTE à celles et ceux qui nous ont précédés est le point fondamental dans toute carrière artistique. Car, ne nous leurrons pas, aucun artiste ne se fait tout seul. Le premier acteur, le premier chanteur, le premier qui a su écrire un vers ou une phrase, qui a su composer une mélodie, ce premier-là, ce maître de tous les interprètes, acteurs, compositeurs et écrivains, lui et lui seul est l'inventeur du genre. Nous autres, c'est grâce à ce que nous avons lu, vu ou entendu, grâce à ce que nous avons apprécié et qui nous a marqués, que nous apportons à notre tour notre grain de sable à l'une ou l'autre de ces disciplines. On écoute, on observe, on apprend, on imite forcément, on se forge une personnalité et, si l'on a un peu de chance, on réussit à sortir du lot en ne ressemblant plus à personne d'autre qu'à nous-mêmes.

Mais pour en arriver là, il faut que les artistes que nous aimons nous incitent à progresser par l'attrait qu'ils exercent sur nous. J'imagine mal un Mozart débouler du fin fond d'une forêt sans avoir jamais rien vu ni entendu auparavant, et devenir le génie que l'on sait. On apprend toujours quelque chose d'utile en regardant, en écoutant un artiste. Je ne parle pas d'imitation pure et simple, bien sûr : si elle est un moment nécessaire à notre apprentissage, elle doit, l'heure venue, s'effacer devant notre art propre, notre intime personnalité ; autrement elle ne mène à rien de bon. Cependant, chacun peut trouver son propre style en se laissant aller à son enthousiasme pour ceux qui se sont perfectionnés dans leur spécialité grâce à leur talent, leur travail, et leur soif de savoir.

> Lorsque je lis une phrase
> Écrite deux cents ans
> Avant ma venue en ce monde,

À VOIX BASSE

> Et qu'elle ressemble à d'autres
> Que j'ai imaginées,
> J'ai l'horrible sentiment
> D'avoir été plagié.

MÊME LES PLUS GRANDS continuent d'apprendre. Gloire ou pas, apprendre doit rester la fonction première de l'artiste, apprendre est un mot qui ne doit jamais quitter son esprit. Et l'on apprend en tout lieu, en toutes circonstances : en lisant, en mémorisant, en écoutant la radio, en regardant nos pairs évoluer. C'est ainsi que l'on se forge une idée de notre propre travail, et qu'on l'enrichit. L'admiration que l'on a pour un confrère nous incite à nous réinventer. J'ai personnellement eu la chance de vivre dans l'intimité de certains monstres sacrés, mille fois copiés, jamais égalés, et de les fréquenter. J'ai appris des mots, des gestes, qui ont eux-mêmes forgé le squelette de ce que j'ai construit à mon tour. Ainsi, à la lumière des œuvres de tel ou tel artiste, m'est-il arrivé d'imaginer de nouvelles orchestrations pour des chansons que j'interprétais mécaniquement à force de les chanter. On a tort de croire que le public veut à tout prix entendre la chanson telle qu'il l'a découverte sur l'album. Faites confiance au spectateur assis dans la salle, et vous le constaterez – peut-être pas du premier coup, mais à la longue, oui – très capable de curiosité et d'analyse. Rajeunir un tour de chant, n'est-ce pas une jolie manière de donner une nouvelle chance à des chansons anciennes, y compris lorsqu'elles ne sont pas les nôtres ?

> J'ai voulu, pour m'amuser,
> Plagier une mélodie composée
> Par l'un de mes confrères.
> À mon grand étonnement,
> Je suis tombé sur une musique à succès
> Déjà existante.

Les Américains ont des standards. Ils se donnent la peine de revisiter le patrimoine musical de leur pays. Alors pourquoi pas nous ? Le nôtre est sans conteste l'un des plus riches du monde, et nous nous en détournons, cherchant à tout prix le succès de demain. Si personne ne veut faire connaître cette richesse française, nous continuerons à enterrer des œuvres admirables. Quand Georges Ulmer ou Guy Béart, pour ne citer qu'eux, reviendront-ils sur le devant de la scène ? Un chanteur trouverait dans leur répertoire de quoi composer, ne serait-ce qu'une saison, un spectacle formidable et plein d'originalité. Et il aurait, de surcroît, la satisfaction d'aider à installer des standards français. Quoi d'étonnant si Patrick Bruel a fait il y a quelques années un carton avec son album *Entre-deux*, un double disque de chansons d'antan ? Enregistrer un disque de dix à douze nouvelles chansons, c'est en sacrifier facilement six à huit. Au contraire, un bel éventail de chansons d'hier ou d'avant-hier, bien orchestrées et mises au goût du jour, ne peut que ravir le plus grand nombre, et former un magnifique hommage à nos anciens. Ainsi, Maxime Le Forestier chante Georges Brassens, Jacques Higelin chante Charles Trenet, Hugues Aufray revisite Félix Leclerc, tous reconnaissant leur dette à ceux qu'ils ont admirés. Aussi, jeunes confrères, faites comme eux, trouvez vos maîtres. Ils ont tant de choses utiles à vous offrir sans qu'il vous en coûte. , cela n'a pas de prix.

> C'est quand on a tout oublié
> Que l'on invente quelque chose
> Qui a probablement existé
> Sous une autre forme.

Moi-même, je ne suis que l'aboutissement de mes adorations, acteurs, chanteurs, auteurs et compositeurs de France, d'Arménie et d'Amérique. Ces gens-là m'ont soumis un éventail de possibilités quasi illimité, dans lequel je n'ai eu qu'à puiser. Pour vous donner un exemple, j'ai toujours été émerveillé par Jules Berry et Robert Le Vigan. J'ai apprécié très tôt les acteurs empreints de démesure, capables de tout interpréter, capables de s'adapter à toutes les situations et de rendre tout rôle difficile à jouer après eux. Comme j'ai rêvé d'avoir un peu de cette démesure dans mes interprétations chantées ! Au fond, mon travail de chanteur a été plutôt marqué par les acteurs que par les chanteurs eux-mêmes.

J'ÉTAIS EN OUTRE MILLE FOIS plus heureux sur un plateau de cinéma que partout ailleurs, et mes premières expériences filmiques, dans *La Tête contre les murs* de Georges Franju (adapté par Jean-Pierre Mocky du roman d'Hervé Bazin) et *Tirez sur le pianiste* de François Truffaut, ont d'ailleurs été concluantes. Je reçus pour le premier l'Étoile de cristal[21]. Les exigences étaient bien moindres que dans l'exercice de la scène : apprendre mon texte, interpréter mon rôle le mieux possible... et le tour était joué ! Pas de soir de première, pas de journalistes dans les premiers rangs, pas d'inquiétude sur l'état de ma voix, ni sur le nombre de spectateurs présents dans la salle... Rien, pas le moindre de ces petits événements qui vous font un foie vert et provoquent un stress de tous les diables.

Parce que, pendant les tours de chant, il y a certes les critiques, mais aussi les camarades artistes ! Et ils ont la dent dure ! Assis confortablement dans leur fauteuil, ils semblent soudain oublier qu'ils auront droit au même traitement de défaveur à leur tour, lorsque les projecteurs seront à nouveau braqués sur eux.

Sur scène, tout artiste, jusqu'au plus solide, se révèle d'une extrême fragilité. Le moindre élément extérieur peut le toucher et le déstabiliser. Par exemple, l'arrivée d'un spectateur retardataire en dérange, pire, en agresse certains ; pour d'autres, l'entrée en scène reste le moment le plus douloureux. Et puis il y a le trac, couronné de l'inévitable « que vont penser les... ? ». On est bien plus exposé et sensible à la critique dans le métier de la chanson. Comparé à la scène, le plateau de cinéma est un vrai havre de repos, loin du qu'en-dira-t-on.

> Le pire critique de la page spectacle,
> C'est celui qui s'est fait engueuler par sa femme
> Avant de venir au théâtre.

CE QUE LES AUTRES PENSAIENT de ma petite personne fut longtemps chez moi un sujet de préoccupation. Jusqu'à ce matin où je me réveillai avec une boule nichée dans la poitrine ; cette boule qui ne disparaît jamais totalement, allant, venant, réapparaissant plus intensément chaque fois que j'entreprends une chose qui m'effraie, comme – pour s'en tenir aux inquiétudes financières – acheter une voiture au comptant, dépenser futilement une grosse somme d'argent ou répondre à une échéance alors que je ne dispose pas de la somme nécessaire. La boule, ce matin-là, n'avait rien à voir avec l'argent.

Je m'étais endormi la veille assez satisfait de ma personne. Malgré une presse comme d'habitude plutôt négative, la dernière soirée d'une série de concerts que j'avais entamée à l'Olympia s'était révélée, comme tout cet engagement, un véritable succès : bravos, rappels, standing ovation, puis souper à la Cloche d'or, par tradition (c'est dans ce restaurant que nous allions dîner avec Édith Piaf). Pourtant, la boule était bien là, énorme, suffocante, doublée de gouttes de sueur aux tempes. J'eus tôt fait de comprendre l'origine de ma peur : au fond, je ne savais pas pourquoi l'on m'appréciait. Était-ce à ma juste valeur ou uniquement pour ma notoriété ? À cette époque, en effet, il ne se passait pas une semaine sans qu'un magazine rapporte et commente mes moindres faits et gestes, avec qui je sortais, quels étaient mes projets, ce que je pensais de ceci ou encore de cela. On me voyait tour à tour à cheval, dans ma Rolls, à ski, sur un bateau... L'avion dans lequel je montais ? C'était évidemment le mien !

Je n'étais pas un artiste, j'étais une vitrine.

Je coupai donc le téléphone, décidé à faire un retour sur moi-même et à redéfinir mon comportement à venir. Et là, ma décision fut irrévocable : je ne voulais plus être un personnage médiatique mais un artiste, tout simplement. On viendrait désormais me voir et m'écouter pour ce que j'avais à dire, pour ce que je savais faire, et non parce que j'apparaissais dans des lieux à la mode ou en première page des magazines en compagnie d'untel et untel. Autour de moi, se leva un vent de panique : « Tu vas te couler, avec tes conneries ! » On eut beau crier au scandale, je ne voulus rien entendre, et la boule disparut comme elle était venue.

> Telle actrice, nous dit-on, a des talents cachés.
> Pourquoi ne les dévoile-t-elle pas en scène
> Plutôt que de montrer ses fesses ?

TOUTEFOIS, LES PROBLÈMES MÉDIATIQUES que je rencontrai ne sont rien à côté de ceux qui menacent aujourd'hui les jeunes aspirants au métier d'artiste. Que ne ferait-on pas pour disposer de quelques minutes d'antenne et avoir l'honneur d'être vu par quelques millions de téléspectateurs ? Jusqu'où n'irait-on pas pour se donner l'illusion que la gloire nous auréole ? Chanter faux, parler pour ne rien dire, débiter des âneries d'un air très sérieux, montrer ses fesses ou, pire encore, étaler sa vie privée et refaire devant les caméras les gestes que l'on accomplit par amour dans les bras de l'être que l'on aime... J'en passe, et non des moindres.

Ah, écouter votre boulangère vous dire qu'elle a eu le bonheur d'apercevoir, la veille, vos parties intimes ballotter en gros plan sur le petit écran, n'est-ce pas le début des vertiges de la gloire ? Cette prostitution verbale et physique, cette vulgarité moderne, cette bêtise revêtue des oripeaux de la tchatche et d'une pseudo-intelligence, elle plaît aux imbéciles et aux vendeurs de vent, qui comptabilisent un audimat dont la progression forme l'essentiel de l'existence. Est-ce donc vraiment cela que recherchent les jeunes gens qui prétendent à l'art ? Non, je ne veux pas le croire.

Sachez que ce n'est pas le fait d'être toutes les nuits dans un lit différent ou célèbre qui nous construit réputation et carrière. Voilà pourquoi il faut impérativement prendre le temps, à chaque étape, de faire le point en nous-mêmes. Voyez les artistes noyés dans la foule de leurs fans et immergés dans la jet-set, puis mesurez leur impact auprès du public populaire, celui dont nous dépendons : ils arrivent, ils passent, et nul ne les réclame. Ils finissent par se teindre les cheveux et sombrent dans la course aux liftings, mais il est déjà trop tard. Une fois ringardisé, plus de retour possible, on replonge résolument dans l'anonymat.

Parce qu'on a eu droit à quatre ou six pages dans les journaux, tout serait dit ? Nous serions soudain voués à demeurer, sans plus de risques, au sommet de notre art et dans la gloire de notre statut ? Naïveté, que tout cela ! Rien n'est jamais joué.

Ringard, has been, démodé, vieux schnock et j'en passe... Voilà ce qui nous attend, nous les artistes, tous autant que nous sommes. Et plus on aura débuté jeune, plus on aura droit à ce genre d'appellations. Quand, après une belle carrière, il faut « se renouveler » pour rester dans le coup, c'est alors que l'on risque le pire. Des Serge Gainsbourg à l'aise dans toutes les époques, ce n'est pas ça qui court les rues, croyez-moi. Un par génération, et encore ! Alors que faire ? me demanderez-vous. Rien, c'est encore le meilleur moyen de ne décevoir personne et de satisfaire tout le monde.

NON, JE NE ME FAIS PLUS D'ILLUSIONS, et depuis belle lurette. Je prends le plaisir que je peux prendre partout où je vais, sans me poser trop de questions. Dans une salle de spectacle, ceux qui sont là sont ceux qui vous aiment et n'attendent de vous que ce que vous êtes venu leur apporter. Le public peut se montrer redoutable, mais jamais il ne vous trahit : il vous reste fidèle aussi longtemps que vous lui restez fidèle, vous. Auquel cas il se crée avec lui une belle et longue histoire d'amour. Et l'intensité de cette histoire me paraît profondément liée, elle, au talent de l'artiste.

Car lorsque le talent se porte à proximité du cœur et du bon goût, dans un cheminement tel qu'il finit par accomplir un sans-faute, alors seulement il atteint des sommets qui ne peuvent que forcer l'amour et l'admiration du plus grand nombre. Et il laisse au bord de la route les éternels sceptiques chroniques et indécrottables. La personnalité conviviale de la vedette, quand elle est proche du cœur de son public et qu'elle balaie d'un revers de la main toute condescendance à son égard, c'est cette personnalité-là qui lui permet de devenir ce que devrait être toute vedette digne de ce nom : un artiste. Un artiste habillé de son seul talent, sans esbroufe, sans m'as-tu-vuisme. Ce miracle – que ce soit avec le public ou l'homme de la rue –, je ne l'ai que très rarement connu.

Le temps qui cavale sans jamais se retourner change le goût, les manières de voir, les motivations du public. C'est pourquoi il nous faut être très vigilants. Si l'on s'avise, en chemin, de faire pour notre plaisir, ou simplement par négligence, du spectacle buissonnier, que l'on oublie ne serait-ce qu'un instant que notre principal ami, c'est le public, lui risque de nous oublier à tout jamais. Il a beau être gentil et bon enfant, il est aussi exigeant et changeant. Et comme en amour, l'infidélité, un jour ou l'autre, chacun finit par en payer le prix !

Tout ce que l'artiste possède, il l'a obtenu, certes grâce à son talent, mais aussi grâce aux spectateurs, qui souvent se privent pour payer le prix d'une place de concert. Lui paie de sa poche, l'artiste doit payer de sa personne. Aucune excuse ne sera acceptée. Même malade, même brûlant de fièvre, il lui faut assurer le spectacle comme s'il était invulnérable. Alors il entre en scène en ayant mal ici, ou mal là, en se traînant parfois, et soudain devant la salle, chaleureuse, porteuse, amoureuse, il ne ressent plus ni douleur ni difficulté. À la fin du spectacle, il va s'affaler sur son lit de souffrance mais, le lendemain, de cachets en piqûres, de massages en inhalations, il remonte sur scène avec le même enthousiasme, la même foi et le même amour pour son métier. Le voilà, le véritable artiste.

Le métier de la scène est beau, très beau, mais il réclame rigueur et respect. En le respectant, on respecte la salle qui ne demande qu'à aimer les artistes, et l'on se respecte soi-même, ce qui est indispensable pour réussir un parcours, je ne dirais pas sans faute – je crois bien que cela n'existe pas – mais du moins exemplaire. Achever sa carrière en beauté, contempler, pour notre dernière représentation, une salle archicomble où le plaisir est partagé des deux côtés de la rampe, où l'émotion est palpable et les regrets nichés dans les cœurs, cela vaut bien quelques sacrifices, non ?

Ces sacrifices, malheureusement, comprennent souvent les amis. Peu nombreux sont ceux qui nous demeurent à l'issue d'une carrière d'artiste. C'est qu'elle est vorace la carrière, prédatrice même ! Elle crée le vide autour de soi. Personne ne s'en satisfait dans notre entourage, surtout les amis de jeunesse, qui trouvent qu'on les néglige et qu'on ne leur accorde jamais assez de notre temps... De là, le pas est vite franchi : étant donné notre nouvelle position, on les snobe, c'est évident ! Jamais, bien sûr, il ne leur viendrait à l'idée que ce que nous vivons n'est pas si facile, que nos obligations sont absorbantes, que nous ne pouvons pas les entraîner avec nous partout où nous allons, qu'ils se montrent souvent trop peu discrets à notre égard, parfois même encombrants et maladroits... Sans parler de notre famille qui peine, elle aussi, à comprendre que notre métier ne nous permet pas d'être ponctuellement présent pour le déjeuner, le baptême ou la communion du petit-cousin... Et voilà – sentiment ô combien inconfortable – que l'on se retrouve assis le cul entre deux chaises. C'est eux contre notre métier, c'est leur désir contre le nôtre. Alors un jour, inévitablement, ils nous en veulent.

Ce n'est d'ailleurs pas plus mal puisque tous ceux qui gravitent dans notre nouvel univers nous préfèrent libres d'attaches. Histoire d'avoir plus de poids à nos côtés... Quant à la personne avec laquelle nous vivons, n'en parlons pas : elle devient aussitôt la personne à éloigner, et pour peu qu'elle soit lucide, la personne à abattre.

Dans la profession, les sourires sont souvent de façade et les rumeurs mordantes. Tenez vous-le pour dit. Une vacherie lancée par un anonyme de notre cercle, telle rubrique de presse la met dans notre bouche ! Malgré ça, il nous faut continuer à vivre normalement, ce qui demande une bonne dose de philosophie et d'optimisme. Le succès n'est jamais gratuit :

plus on progresse dans le milieu, plus on devient solitaire, plus il est difficile d'accorder sa confiance. La même question revient toujours, lancinante : m'aime-t-on pour moi ou bien pour mon succès ? Ou encore pour le monde soi-disant fascinant que je côtoie ? Qui est un parasite ? Qui ne l'est pas ?

Si je devais donner un conseil aux jeunes artistes, ce serait le suivant : demandez-vous sincèrement si votre entourage n'est pas un ramassis de fainéants uniquement occupés à vous cornaquer. Un brin de succès et les voilà, les morfales, les pique-assiettes et les lèche-savates, rois et reines de la brosse à reluire ! Ne les voyez-vous pas s'installer et prendre leurs aises, tout prêts qu'ils sont à éliminer le moindre concurrent ? Soyez-en sûr : dès l'arrivée de ces prédateurs, les jours de votre entourage sincère seront comptés. Ils seront toujours là, accrochés à vos basques, refusant de laisser la moindre parcelle d'air entre eux et vous, bien déterminés à défendre bec et ongles la place qu'ils ont eu tant de mal à obtenir, et tous ceux de vos proches qui vous aiment ou vous admirent sincèrement n'auront plus qu'à s'effacer. Car ces affreuses punaises savent se prémunir de toute personne susceptible d'avoir une vue claire sur leurs agissements... Ami d'enfance, imprésario, membre de votre famille, tous ceux qui appartenaient jusque-là à votre vie seront balayés sans concession aucune par ces champions de la démolition, ces artisans du pire. Et vous ne vous en rendrez même pas compte. N'oubliez pas que des parasites, vous êtes le gagne-pain. Préparez-vous à la curée et au pillage systématique. C'est qu'ils sont tenaces les joyeux coléoptères, jamais décidés à lâcher la bidoche ! Ils ne vous abandonneront que le jour où le faisceau des projecteurs se détournera de vous et où vous quitterez l'avant-scène. Malheur à vous lorsque votre carrière montrera un semblant de déclin ! Le parasite – il deviendra alors facile à déceler, c'est l'avantage – ne tolérera jamais à l'artiste la moindre baisse de popularité. C'est qu'il doit immédiatement trouver un ailleurs où nicher, un nouvel agneau à dévorer, une nouvelle volaille à plumer... La chute ne pardonnera pas, et les corbeaux s'envoleront. Alors seulement, l'entourage se resserrera autour des plus sincères, des véritables amis, de ceux qui n'ont jamais rien attendu de vous que de l'amitié. Les coléoptères, eux, quitteront le navire et dénicheront à la vitesse grande V un nouveau gogo prêt à se gargariser des phrases qui vous furent servies auparavant. « Taisez-vous ! Méfiez-vous ! Des oreilles ennemies vous écoutent », exhortaient les centaines de milliers d'affichettes placardées en France en 1914, puis en 1939. J'irais même plus loin : prenez garde, des langues de vipère salivent et vous guettent, des doigts crochus vous menacent.

> Non, les parasites ne vivent pas
> que sur les ondes.
> Ils sont l'animal de compagnie
> de tous les gens en vue.

SANS COMPTER CEUX DE VOS PROCHES qui vivent mal votre réussite. Avec eux, la vigilance est toujours de mise car nombreuses sont les occasions de vous faire rouler. En pleine ascension, lorsque vous commencez à ressentir les vertiges de l'altitude, certains autour de vous font en effet profil bas. Ce n'est pas forcément de la jalousie, plutôt la prise de conscience qu'ils vont rester cloués, eux, sur le terrain d'envol. Votre sens de l'amitié vous poussera probablement à aider ces personnes et à leur trouver un moyen de se tenir sans complexes à vos côtés.

Il y aura ceux qui ne l'oublieront jamais, mais il y aura aussi, et surtout, ceux qui feront tout pour oublier ce que vous leur avez apporté – une situation, une association ou simplement de l'argent. Que faire alors ? Ouvrir l'œil et, de temps en temps, rappeler à qui veut l'entendre – sur le ton de la plaisanterie, s'il vous plaît – ces années de jeunesse où vous ne possédiez rien ; le plus naturellement du monde, répéter à ces personnes combien vous êtes heureux de ce qui leur arrive, et fier d'avoir pu leur donner un coup de pouce. Autant de petites phrases qui remettent par intermittence les pendules à l'heure. Si les intéressés vous aiment vraiment, ils se réjouiront avec vous ; s'ils ne vous aiment que pour ce que vous leur apportez, ils prendront leur expression de troisième couteau mais, croyez-moi, ils se ressaisiront vite.

Il n'est bien sûr jamais facile de distinguer l'authentique ami ou l'admirateur du lèche-savates, de l'encenseur professionnel ou encore du ramasseur de miettes. Retournez la lorgnette, et contemplez-les dans leur dimension véritable. Ainsi seulement, vous observerez le monde dans le bon sens... et vous verrez qu'il marche à l'envers.

Et puis il y a les amis, les vrais, mais que l'on a tort de prendre pour associés. C'est à la suite d'une déception de ce genre auprès de mon premier agent, Jean-Louis, que j'ai rencontré l'homme qui allait le remplacer, et pour longtemps : Lévon Sayan. Il m'avait été présenté à New York par mon pianiste Henri Byrs. Je me rappellerai toujours sa longue voiture rose, de la taille de celles que j'achetais à mes débuts de chanteur en vogue... À l'américaine, quoi ! Elle était si disproportionnée qu'elle pouvait me transporter avec tout mon matériel. Quand j'appris que Lévon était d'origine arménienne, j'en fus agréablement surpris. Mais pour cette raison même, je ne l'aurais engagé sous aucun prétexte. J'étais encore prisonnier, à l'époque, de la crainte stupide de ce que l'on pourrait dire autour de moi. Je craignais d'entendre chuchoter dans mon dos : « Ah, il a engagé un Arménien ! Ces étrangers, ils font tribu... » Pourtant, je me laissai petit à petit séduire par son charisme, son accent, et sa convivialité. Et puis Aïda et Ulla mon épouse me pressaient de l'engager. Il débuta comme régisseur de tournée, avant de prendre en main ma carrière. Je me séparai donc de Jean-Louis, ayant pris conscience de l'absurdité qu'il y aurait eu à le garder comme agent simplement parce qu'il était un proche de longue date. Cette expérience m'a enseigné qu'il ne faut jamais mêler les affaires et l'amitié. Après tout, j'aime bien ma grand-mère, mais en aucun cas je ne lui donnerais mon travail à gérer. Alors chacun son métier et, comme vous le savez, les vaches seront bien gardées.

Takavorhine dzine intz naétzav. « Le cheval du roi m'a regardé. » Cette phrase – à laquelle j'ajouterais volontiers : « Pourquoi un cheval regarderait-il un âne ? » – me semble de plus en plus d'actualité. Le besoin de fréquenter un personnage connu est à mes yeux la maladie du siècle. Artistes, personnalités politiques, sportifs, tout y passe ! Être au cœur de l'actualité, cela attire, et puis surtout, cela nourrit les conversations. Nous sommes, hommes et femmes, de plus en plus midinettes – ce qui me fait dire que l'on devrait inventer un masculin pour « midinette ». Aujourd'hui, que ce soit chez le charcutier, le boucher ou le boulanger, on éprouve le besoin de se faire reconnaître. Dans les conversations, cela donne du « mon ami Johnny », ou du « Bernadette m'a dit ». Depuis peu, on surprend même du « Carla m'a fait écouter », sans compter bien sûr les « j'ai conseillé à Zizou ». Et allez donc ! Pendant qu'on y est, pourquoi pas du « j'avais conseillé à Chirac » ? J'ai entendu, un jour, une personne dire à une autre : « Hier, nous avons déjeuné avec Belmondo. » Renseignements pris, ils déjeunaient dans le même restaurant et, quelle chance ! à la table voisine. Comme quoi la proximité crée des liens...

Cette maladie est celle d'une époque où la publicité est reine. Ceux qui n'y ont pas accès se la font pour eux-mêmes. Jusqu'où irons-nous à ce rythme ? Si cela continue, nos villes et nos campagnes seront bientôt peuplées d'individus éminemment importants et l'on se sentira alors obligé, pour sortir du lot, de donner dans le « moi, je connais un monsieur Personne avec lequel je passe des dimanches après-midi géniaux ». Sa simplicité, sa gentillesse, son intelligence étant proverbiales, il méritera, ce monsieur Personne, qu'on crée pour lui une décoration particulière récompensant la Femme inconnue et l'Homme de la rue. Mais fermons la parenthèse.

Le don, le talent, c'est au cours de ta vie.
Le génie, c'est après ta mort...
Peut-être.

L'HOMME CÉLÈBRE, MÊME LUI, finit un jour par s'en aller. C'est là le sort de tous les êtres, connus ou inconnus, et il n'y a pas de favoritisme en la matière. Tous égaux devant et dans le trou qui attend, béant ! Vient alors le temps du faste : fleurs, couronnes, foules, discours, photos, et quelques larmes vite séchées… Un magazine, sérieux et digne de ce nom, sort bien sûr un numéro spécial dans les quarante-huit heures. Mais attention ! Encore faut-il ne pas mourir trop rapidement et en période de grandes vacances. Ayons la décence d'agoniser en trois jours au moins, histoire de laisser à la presse le temps de se retourner – cela vaut si le mort est relativement jeune car, pour les septuagénaires, j'imagine que des précautions sont prises longtemps à l'avance et que le numéro exceptionnel est fin prêt à partir pour l'imprimerie.

Après les lamentations des médias, les tristes pensées sont précipitamment rangées dans les archives de la mémoire et de tout le tralala passé… la prochaine célébrité prend la relève, avant qu'une autre encore ne la remplace, et ainsi de suite… Alors, c'est l'avènement des frustrés, de tous ceux que l'ombre immense du glorieux défunt avait étouffés. C'est la revanche des inassouvis, des individus qui se sont sentis, des décennies durant, ignorés et laissés-pour-compte. Et après ça, osez croire à cette belle postérité qui déserte les mémoires pour s'installer confortablement dans le dérisoire ! Ainsi fleurit la littérature post-mortem, *Mes années avec...*, *La Vie secrète de...*, *Dans l'ombre d'un géant*, *La Vérité sur...*, et autres *Tout ce que vous avez toujours voulu savoir sur...* J'en passe. Là, on sort le paquet et ça n'est pas toujours beau : on dépiaute le mort, on veille à le représenter sous son « vrai jour », on casse la légende pour en construire une autre « plus humaine », mais en réalité bien moins jolie.

Eh oui, le jour où l'on disparaît, on libère de leurs chaînes celles et ceux qui nous avaient toujours paru les plus dévoués, les plus désintéressés. Tu parles ! Le temps est bien vite venu pour les faux-jetons de tâter les vrais biffetons, n'est-ce pas ?

Plus pathétiques encore sont les épouses endeuillées dont on ne parle plus sachant que l'on n'en parlait pas tellement auparavant. Elles accèdent enfin au premier rang, on les accueille d'un maaaaaadame long comme un bras de la Seine. Elles sont de toutes les premières, de tous les cocktails, expositions ou manifestations parisiennes. Leur illustre mari n'étant plus là pour leur voler la vedette, elles ont enfin voix au chapitre, et elles tiennent à le faire savoir : ce sont elles les gardiennes du temple, elles qui donnent les autorisations de diffusion à la télévision d'un extrait d'interview ou de spectacle, elles qui détiennent le droit à l'image... Il faut compter avec et sur elles pour reproduire quoi que ce soit ayant trait au passé de l'illustre personnage. Les voilà investies d'un devoir de mémoire. Le départ de l'un a fini par faire la consécration de l'autre. Enfin sorties de l'ombre, elles peuvent goûter pleinement aux délices de ce qui leur était pour ainsi dire interdit auparavant : la reconnaissance, la notoriété... Quelle notoriété ?

AH, LE DÉSIR DE GLOIRE... Artiste, artiste... de nos jours, tout le monde aimerait être artiste. Le bonheur supposé de la célébrité chatouille les désirs du plus grand nombre. Et tous, ou presque, s'imaginent que ce métier est le moyen le plus facile de mener une vie de rêve et de gagner beaucoup d'argent. Après une bonne *Star*

Academy ou un passage, même éclair, à *La Nouvelle Star*, après des castings en pagaille pour un rôle dans une comédie musicale, comment les portes du succès pourraient-elles ne pas s'ouvrir grandes ? Derrière elles, on s'imagine évidemment, s'étendant à perte de vue, la voie royale, et au bord, se tenant au garde-à-vous, une ribambelle de producteurs, agents artistiques et autres metteurs en scène, qui n'attendent que nous. Vaste mensonge ! Langue pendante, l'œil à l'affût, ils guettent avant tout le mouton à cinq pattes qui saura précipiter les foules dans les salles de spectacle. Ne succombons pas à la naïveté, et tâchons de regarder la réalité en face.

> Les étoiles au firmament de la chanson
> Sont toutes filantes,
> À plus ou moins long terme.

Alors, par où commencer ? Eh bien par le tout début ! Vous avez une voix agréable, un physique possible, un comportement artistiquement valable, et à l'âge de quatorze ans, vous vous êtes fait un joli brin de succès auprès des proches en interprétant deux classiques de Céline Dion ou de Johnny Hallyday à la fin d'un déjeuner de communion. Tous les assistants ont reconnu à haute et inconsciente voix que vous aviez « l'étoffe d'une star » – pas moins –, que les Patricia Kaas et autres Lara Fabian n'avaient qu'à bien se tenir et que vous deviez absolument prendre contact avec les organisateurs de *Star quelque chose*. Bref, que votre voie était toute tracée, assurée pour un destin exceptionnel. C'est souvent ainsi que le rêve commence.

Cependant la réalité est autre. Admettons qu'il y ait un peu de vrai dans tout ce qui a été prononcé ce jour-là. Ce serait déjà un début de miracle. Admettons ensuite qu'un jury vous sélectionne effectivement pour la nouvelle saison de *Star quelque chose*. C'est, virtuellement, le paradis qui s'ouvre à vous. Admettons enfin qu'après vous être confronté à un public déchaîné, vous sortiez vainqueur de la compétition. De quoi perdre la tête : on vous écrit soudain des chansons en veux-tu en voilà, on vous habille pour vous forger un style, on vous maquille pour vous créer un look, et on vous colle tout ça sur une affiche conçue par un célèbre affichiste... Votre visage et votre nom sont placardés sur tous les murs de la ville. Ensuite, c'est le tourbillon : première page des magazines, premier single vendu à plus de cinq cent mille exemplaires, premier album envisagé puis mis en chantier, première tournée en quasi-tête d'affiche, première confrontation à des fans en délire, hurlant votre nom au point de s'évanouir, vous ovationnant telle une star internationale et vous poursuivant pour obtenir un autographe, première sortie en limousine, premiers hôtels et tables de luxe... Agent, publicitaire, groupies, parasites (toujours eux), vous avez tout l'attirail de la star. En débutant, vous baissez la garde. Tout vous sourit, la vie est devant vous, plus de soucis à vous faire ! Les autres n'ont qu'à bien se tenir ! Bien sûr, vous méprisez tous les avertissements : pas de nuages dans ce ciel étoilé, s'il vous plaît ! Vous vous laissez bercer par les trompettes envoûtantes de ce que vous considérez déjà comme de la renommée, et par l'attirail que l'on déploie devant vous pour vous faire oublier que ce métier est plus difficile qu'il n'y paraît. Vous avez même acheté les lunettes noires qui correspondent à votre statut, vous savez, celles qui vous feront remarquer tout en dissimulant savamment la moitié de votre visage...

Aujourd'hui,
On peut très vite devenir

Une star
Et, avec un peu de chance,
Une vedette
Et, qui sait,
Avec un peu de chance encore,
Un artiste
Et finir par avoir du talent.

Ça y est, vous réjouissez-vous, vous y êtes arrivé. Mais où ? Au paradis des illusions, porte ouverte sur l'enfer des désenchantements. Vous jouez les idoles dans la solitude de votre limousine, mais du fruit de ce travail-là, vous risquez de ne récolter que les épluchures. Car il n'y a pas de secret, le plus dur reste toujours à accomplir : tenir. Et tenir ne se fait pas tout seul. Tenir ne tombe pas tout cuit, tout rôti dans le bec. Vous venez à peine de goûter au pain blanc, le pain noir est maintenant à portée de votre main. Derrière les portes sont en réalité tapies les avanies, les méchancetés, les ingratitudes et les humiliations. Soudain, voilà que les sourires se transforment en grimaces. Voilà que les jaloux arborent leur vrai visage et que votre maison de disques ne vous prend plus au téléphone. Malgré votre jeune âge, vous rentrez dans la catégorie des has been et apprenez à vos dépens que l'on ne gagne pas facilement au jeu de la chance aux chansons. Je ne donnerai de leçons à personne, à chacun de faire sa propre expérience, c'est la seule véritable école. En revanche, je peux mettre en garde tout aspirant au métier contre un trop-plein d'optimisme et de confiance face aux opportunistes et aux flatteurs de tout poil. Gare à l'endroit où vous posez les pieds ! Égarez seulement votre troupeau et les loups le détourneront aussitôt pour en tirer profit.

N'oubliez pas qu'en ce monde, tout a un commencement et une fin. C'est vrai pour les papillons, pour les édifices comme pour les artistes. Une carrière, on ne sait jamais où et quand elle commence, quand et pourquoi elle s'arrête, ni quelle peut être sa longévité. Discrétion et humilité sont, me semble-t-il, les atouts majeurs de notre métier.

Il disait : « Je ne suis pas con puisque je te le dis ! »
Ainsi le fait de se prétendre intelligent
Faisait de lui une intelligence.
Voilà comment l'on construit
Les merveilleux philosophes de comptoir
Dont la France peut s'enorgueillir.

Surtout, ne cherchez jamais à épater le journaliste par des formules et des grands discours intellectuels (on pérore facilement sous le feu d'un projecteur ou devant un micro, or ce n'est pas parce que nous sommes connus que nous pouvons nous exprimer judicieusement sur tous les sujets). En bon investigateur qu'il est, il s'empressera de fouiller sous la première couche pour voir s'il peut y trouver un soupçon d'intelligence et de culture. Il n'hésitera pas à vous piéger en vous faisant dire tout et n'importe quoi sur une foule de sujets. Ne balancez donc pas d'énormes âneries pour vous faire remarquer : mieux vaut vous taire que braire. Ayez la lucidité de savoir où ne pas vous aventurer, et laissez les brèves de café du commerce aux joueurs de pétanque et de belote : moins l'on en dit, mieux c'est. Et si l'on ne sait pas, on l'avoue, plutôt que de passer pour un crétin ou pour un affreux. Un mot, une phrase, sortis de leur contexte, et vous voilà accusé du pire – plus rarement du meilleur. Une bourde en première page d'un magazine n'est jamais à l'avantage de l'artiste et peut vous poursuivre tout le long de votre carrière : la phrase est prononcée, la voilà aussitôt colportée, amplifiée, jusqu'à ce que la rumeur publique s'en empare. Après ça, vous aurez beau vous en prendre à la presse, le mal sera fait et il vous sera impossible de revenir sur vos dires en clamant qu'ils ne correspondent pas à ce que vous vouliez exprimer. Au contraire, plus vous chercherez à vous disculper, plus vous vous enfoncerez et créerez le doute. Dans ce genre de situations, il n'y a guère que l'humour ou le silence pour s'en sortir à son avantage. J'ai toujours laissé courir les rumeurs – car j'ai moi-même commis des bourdes – et elles se sont éteintes d'elles-mêmes. Voilà pourquoi aujourd'hui, et ce malgré mon grand penchant pour l'art culinaire, je ne traîne pas de casseroles derrière moi.

Faire preuve d'humilité et de prudence ne signifie pas cependant manquer de confiance en soi. Bien au contraire ! S'il faut se questionner en dedans, au-dehors mieux vaut montrer à tous combien vous êtes sûr de votre talent. Car les journalistes – encore eux ! – sont à l'affût de vos faiblesses et, s'ils soupçonnent que vous êtes en état d'infériorité, ils peuvent aisément transformer une simple interview en cauchemar. Vous tremblez en vous-même ? Montrez-leur, sans tomber dans la prétention, à quel point vous vous sentez à l'aise. Si le journaliste vous propose de vous asseoir, n'allez pas vous installer nerveusement sur le bord de la chaise ou du fauteuil. Non, calez-vous bien au fond et adoptez, dès l'abord, une position d'égalité vis-à-vis de votre interlocuteur. Tenez-vous, ainsi que disait mon père, « comme si vous aviez des pastèques sous les aisselles ». Vous craignez de paraître rigide ? Peu importe. Mieux vaut passer pour ce que l'on n'est pas au risque d'être respecté et craint, que de passer pour ce que l'on est au risque d'être déconsidéré. Les doutes, c'est au fond de la tête qu'on les enfouit, c'est derrière les sourires qu'on les dissimule. Mieux vaut s'y habituer tôt, car la timidité ne nous lâche jamais vraiment. Moi-même – je peux l'avouer aujourd'hui – n'ayant pas réussi à me débarrasser totalement de la timidité qui me paralysait à mes débuts, je ne suis pas encore totalement sûr de moi, à l'âge de quatre-vingt-cinq ans ! Et encore, j'ai fait avec le temps d'énormes progrès. Il fut une époque où je pouvais ne pas piper mot, tout simplement parce que je n'osais pas. À ce propos, je me souviendrai toujours de ma première rencontre avec François Truffaut, un grand timide lui aussi, et de notre conversation chaotique et mi-silencieuse...

C'est de ma pudeur extrême que je tire l'air froid et réservé que l'on me connaît. Mais cela n'a plus d'importance car on s'est habitué à mon comportement, et ma carrière impressionne les moins impressionnables. Et même moi, parfois ! Que voulez-vous ? Lorsque la presse s'acharne sur vous sans cesse vous finissez – malgré l'indifférence que vous feignez sur votre visage – par vous étonner de votre propre réussite auprès du public. Les journalistes ne devraient pas s'attaquer aux silencieux, aux besogneux et à tous ceux qui cherchent à aller de l'avant, quoi que l'on dise sur eux. Le jour où ils s'aperçoivent de leur affreuse erreur, ils ont souvent honte de l'avouer publiquement, et c'est un tort. Une telle démarche prouverait au contraire le courage et la grandeur d'esprit de celle ou de celui qui s'est trompé. À l'époque où j'ai commencé à remplir des salles gigantesques, quelques personnalités fair-play m'ont confessé s'être égarées sur mon compte. La majorité de la presse, elle, a fait semblant de ne rien voir ni rien savoir.

Voilà pourquoi je me délecte encore de cette aventure, survenue récemment dans l'avion : alors que je rentrais du Brésil, où j'avais été invité pour l'ouverture de l'Année de la France à Rio, une jeune journaliste française vint me chercher à l'avant de l'appareil : elle souhaitait me faire rencontrer une cinquantaine de ses confrères. Ces derniers me gratifièrent d'une longue et chaleureuse ovation qui me fit mesurer l'ampleur du chemin parcouru depuis ces années de galère où leurs confrères plus âgés me descendaient en flammes. L'envie de dire quelque chose me démangea, mais je m'abstins, préférant me laisser bercer de louanges – à mon âge, ce n'est guère qu'un petit péché sans gravité, et j'espère que l'on voudra me le pardonner.

Mieux vaut être descendu en flammes
Par une belle plume
Qu'être porté aux nues
Par une plume médiocre,
Sans véritable opinion
Et ne cherchant qu'à faire connaître sa signature.
Mais être porté aux nues par la plus prestigieuse,
Quel pied !

Vous gagnerez toujours à faire votre chemin sans trop prêter garde à la presse. Un journaliste n'est ni gentil ni méchant, il fait son métier comme nous faisons le nôtre. Mais lui, dans l'ombre de la salle, ne prend aucun risque et ne s'expose jamais. Sa place est bien plus sûre que la nôtre. Alors, pour vous consoler, n'oubliez pas une chose : si la lecture d'une critique fait très mal à celui à qui elle est destinée, savoir que sa critique n'a pas été lue par celui à qui elle était destinée fait encore plus mal au journaliste.

Avoir six mille New-Yorkais à ses pieds, debout, hurlant, battant des mains, croyez-moi, c'est une sensation unique pour un homme voué à l'échec... Plus encore lorsque la situation se reproduit à Londres, Moscou, Rome, Tokyo, Varsovie, Sydney et tant d'autres villes de par le vaste monde. Il paraît que je n'avais rien de ce qu'il fallait pour réussir en tant que chanteur ; que je n'étais pas *bénéficiable* ni acceptable ; que je ne pouvais percer sans entrer auparavant dans le moule préfabriqué par les représentants de la profession et autres experts des médias. Eh bien j'ai survécu aux détracteurs, aux pronostics et aux sarcasmes. Je m'en suis tenu à cet adage : la mode, ou on la crée, ou on l'ignore.

Où sont-ils embusqués, aujourd'hui, les fervents démolisseurs ? Qui sont leurs proies ? Dire que, durant leur dictature, je ne les ai jamais gratifiés d'un mot, je n'ai jamais réclamé un droit de réponse, un démenti ; dire que je leur ai imposé le silence le plus humiliant et qu'aujourd'hui, dans leur retraite, ils n'ont même plus la possibilité de s'en prendre à moi ! Qu'il est bon parfois de prendre sa revanche...

Il faut cependant raison garder. Si vous disposez d'un tant soit peu de sens de l'équilibre, vous vous rendrez vite compte que le succès n'est que l'expression d'une vaste hallucination collective, aujourd'hui encore plus qu'hier. De nos jours, en effet, cette hallucination est véhiculée de plus en plus vite par les radios et les télévisions dévoreuses de talents passagers et incertains. Quel est donc ce métier où l'on devient star avant que d'être vedette, vedette avant que d'être artiste et où l'on n'est, depuis bien longtemps déjà, plus guère artisan ? Trois minutes de passage à la télévision et les « trucs » inculqués par les producteurs viendraient remplacer quinze années de porte-à-porte, de galères, de cabarets minables, d'illusions et de désillusions ? Star en dix leçons et inconnu en deux singles, voilà la seule conclusion qui vaille. Ensuite, ma foi, il faut faire avec le regard des autres et les quolibets des amuseurs. Il faut assumer sa ringardise, d'autant plus grande et douloureuse, bien sûr, que l'accès au statut de star a été bruyant et médiatisé...

Chantez, nous ferons le reste ! Déchantez, vous n'aviez qu'à vous méfier !

> À banaliser la chanson,
> On a fini par passer
> Les menottes aux rêves,
> À la découverte
> Comme aux petits plaisirs
> Des fins de semaine
> Dans les music-halls de quartier.

Je ne vous en dirai pas plus. Je me refuse à prodiguer des conseils. C'est tout simplement inutile. J'ai toujours eu en horreur les donneurs de leçons, ces casse-pieds qui savent tout et qui ont tout vu. Et puis les conseils, on ne les dispense jamais qu'à travers soi-même, ce qui fait qu'ils commencent systématiquement par « si j'étais toi... ». Or, cette expression ne veut rien dire puisque, justement, chacun n'est que soi-même. Un conseil passe nécessairement par le filtre de la personnalité du donneur. Rien à voir avec le receveur. Et je ne parle pas de l'âge ! Comment l'homme de soixante ans et plus peut-il apporter quoi que ce soit à une jeunesse qui en compte seulement vingt ? Il peut, à la rigueur, alerter ses successeurs sur quelques écueils, faire partager une leçon de métier ou deux – quelques-unes sont intemporelles –, leur donner un peu à réfléchir, mais cela n'ira jamais plus loin.

Quoi que l'artiste en herbe décide, c'est lui qui a raison, car le choix lui appartient et qu'il est maître de sa destinée. « Si j'étais toi, si j'étais toi... », continuent pourtant de ressasser certains ancêtres en se pavanant. « Eh bien non, tu n'es pas moi ! pourrait-il leur rétorquer. C'est bien simple, nous n'avons rien en commun. La liste de tout ce qui nous sépare est même très longue : nous ne sommes pas de la même génération, nous n'avons pas les mêmes aspirations ni la même façon de vivre ; nous n'aimons pas les mêmes chanteurs, les mêmes acteurs, n'écoutons pas la même musique, ne lisons pas les mêmes auteurs et j'en passe... Alors le mieux que tu puisses faire, c'est d'arrêter de pérorer comme si tu savais tout mieux que les autres, de garder ton expérience pour toi et de me laisser faire mon chemin en paix. »

L'EXPÉRIENCE, VOILÀ LE MOT CLEF, celui qui vous pose auprès des gens d'âge moyen comme un être ayant acquis rigueur et sagesse, et auprès des jeunes comme un vieux con. Ce mot, il risque de vous faire dire, et avec assurance bien sûr, n'importe quoi sur n'importe quel sujet. Même si l'expérience n'est que le bénéfice de la longévité de votre carrière, et rien de plus, elle vous autorise – du moins le croyez-vous – à vous gonfler comme une outre vide traversée par les vents de la prétention et de la suffisance.

Vous comprendrez que je me refuse à endosser l'habit du vieux machin aux idées périmées et que je me tienne coi. Car ces idées-là, même quand elles sont judicieuses – cela arrive, tout de même –, on ne peut jamais les inculquer à des jeunes gens qui veulent se forger leur propre manière d'aborder le métier. Ce qui, au passage, est bien naturel : quand papa et maman nous ont cassé les oreilles pendant notre adolescence avec les disques de leurs artistes préférés, achetés consciencieusement année après année, on a tendance à se rebiffer... Comme nous ne serons, eux et moi, jamais tout à fait d'accord, j'aime mieux la fermer. Je préfère émettre un avis de temps en temps ou, plutôt, raconter mes bonheurs et mes affres passés sans chercher à théoriser quoi que ce soit. Je raconte, et laisse les autres juger de ce qui peut leur être utile dans mes soliloques. Je témoigne de ce que j'ai réussi, évité ou raté dans mon parcours, de ce que j'ai construit au fil du temps et des succès (et surtout au fil des revers et des déboires), et compte sur eux pour évaluer la part de positif ou de négatif de mon discours avant de tenter la grande aventure de leur vie. Il ne s'agit pas pour autant de graver mes dires dans la pierre.

Quoi qu'il en soit, les jeunes comme les moins jeunes – pour ne pas dire les vieux – gagneront toujours à ne pas s'ignorer. C'est aux anciens de faire confiance aux nouveaux venus et de les favoriser en leur apportant, non pas leurs conseils arriérés, mais leur appui. Ainsi l'art peut-il évoluer librement. Si j'ai adopté cette attitude vis-à-vis de la jeunesse, c'est parce que je n'ai pas oublié la mienne, qui ne fut pas facile, à une époque où les artistes confirmés s'accrochaient à leur manière de voir comme à des privilèges d'une autre ère.

Jamais donc je ne condamne un mouvement poétique ou musical que nos successeurs proposent. Je prends le temps de me rendre compte si la nouveauté va déboucher sur quelque chose de qualité, et ce quelque chose est, indéniablement, très difficile à déceler. Voilà pourquoi je tâche de rester prudent dans mes approches. On est toujours plus juste après réflexion. N'oublions pas que ce que crée un artiste en herbe ne peut être que malhabile. Timidité et incertitude ne sont pas là pour arranger les choses. Mais même si les défauts sont nombreux, il faut à tout prix aller au-delà de la première impression, particulièrement si elle choque, pour déceler la qualité de l'œuvrette. Les grands courants de la peinture, de la littérature et de la musique ont, dans quatre-vingt-dix-huit pour cent des cas, eux aussi, commencé par se voir décriés et condamnés.

Il est très difficile de juger l'artiste à l'orée de sa vie professionnelle : tel peut commencer mauvais et deviendra immense ; tel autre, formidablement doué à ses débuts, laissera passer toutes ses chances. Voilà pourquoi je n'aime pas ces professeurs de chant et autres « appreneurs à se tenir en scène » qui transforment un trop jeune talent en parfait robot sans prêter garde à sa personnalité et à sa sensibilité : et pose ton pied comme ceci, et va au-devant du public comme cela, et va côté jardin, et maintenant côté cour (encore faut-il que l'élève sache ce que cela veut dire), et apprends telle chanson de tel répertoire, etc. Il y a certes des éléments techniques qu'un débutant se doit d'apprendre : poser sa voix, se servir de cet instrument qu'est la gorge... Pour le reste, le maître devrait simplement l'aider à faire éclore ce qu'il a dans le ventre. Certains auteurs et compositeurs – et notamment Raymond Asso – ont été les coaches d'Édith Piaf à ses débuts. Mais autrement, elle n'a jamais eu de professeur.

C'est jour après jour, au fil de sa propre expérience, que l'artiste apprend le mieux : regarder le public dans les yeux, attention, ne pas le lâcher, il risque de détourner son attention... Ceci semble lui plaire, cela le laisse indifférent...

> La scène, on l'apprend
> À coups d'égratignures,
> À coups de pied au cul
> Et parfois de rêves brisés.

Il n'y a pas si longtemps de cela, on ne trouvait que des cours de comédie, des conservatoires, et basta. Aux postulants de se démerder tant bien que mal. La récolte, du reste, n'a pas été si mauvaise. Quand je m'en remets à ma mémoire, me reviennent dans le désordre les noms de Colette Renard, Sylvie Vartan, Eddy Mitchell, Johnny Hallyday, Marcel Amont, Philippe Clay, les Frères Jacques, les Compagnons de la Chanson... N'est-ce pas là un fabuleux palmarès ? Et encore, je ne cite pas la génération précédente. Si l'on veut, on peut toujours sortir sa gueugueule hors de l'eau, se faire un nom et une carrière. Ah, la carrière ! Le joli mot... Et l'on s'imagine déjà les lourds blocs de pierre qu'il a fallu soulever pour bâtir notre panthéon... Alors que, de nos jours, les médias sont capables de faire connaître un artiste en quelques minutes seulement en France et dans les pays francophones. Et si l'on s'en donne la peine, dans le monde entier ! Ah, il est loin le porte-à-porte, village après village ; ils sont loin les longs voyages en train et en bateau, entrepris pour aller toucher les populations d'un bout à l'autre de la planète. C'est pourtant ce genre de périple que parcoururent des artistes comme Maurice Chevalier, Jean Sablon, Lucienne Boyer, Jacqueline François et j'en passe...

Les choses étaient-elles plus difficiles pour les générations précédentes ? Je ne le crois pas.

La machine médiatique actuelle a aussi ses défauts et je suis très critique à l'égard de ces émissions de télévision qui nous marchandent des chanteurs en herbe. La première fois que j'ai vu l'émission *Star Academy*, j'ai trouvé, hormis le titre un peu pompeux, que l'initiative était intéressante. Les jeunes participants m'apparaissaient vibrants d'espoir, de fraîcheur et de simplicité. Et puis, les castings et autres auditions ont fini par me refroidir : ils sont si difficiles que les candidats, entrant en scène avec la peur au ventre, le doute dans la tête et déjà l'envie de foutre le camp le plus loin possible, y perdent tous leurs moyens. Je me faisais la réflexion, en les observant, qu'il leur faudrait presque, pour avoir une chance de les réussir, suivre d'abord des cours de castings ! Avec un tel formatage, ne nous étonnons pas si la relève n'émane pas de cette académie-là... Non, la relève viendra plutôt des laissés-pour-compte du casting.

À CHACUN SA MÉTHODE, à chacun son école ! Et puis, entre nous, avant que de jouer les experts en la matière et de pontifier, rappelons-nous notre propre passé et les difficultés qui nous ont blessés au temps de nos débuts. La jeunesse a le droit à l'erreur, le droit de vouloir tout chambouler, bouleverser, écraser... Rien ne sert de prendre peur pour autant : tout se tasse et s'arrange. Mieux, tout rentre dans l'ordre et dans le rang. Celui qui hier encore réprouvait certaines œuvres, les découvrira demain et peut-être même s'en inspirera. C'est qu'on ne peut pas, quelle que soit notre génération, rester éternellement buté et stupide ! Et puis, lorsqu'on a soi-même pris la place d'un ancien en prétendant qu'il avait fait son temps, comment peut-on refuser plus tard de donner sa chance à la jeunesse ?

Par exemple, jamais vous ne me ferez dire que dans le rap, le slam et tous ces autres mouvements qu'aime et reconnaisse notre jeunesse actuelle, « tout est mauvais ». Autrefois, nous aussi nous avons incarné cette jeunesse ; nous aussi nous avons écouté ce que les plus âgés gratifiaient alors du doux nom de « musique de sauvage ». Dire qu'il s'agissait du jazz, aujourd'hui reconnu et apprécié par des millions de personnes de tous âges ! Dire que ces personnes se ruent dans les festivals de jazz, organisés régulièrement un peu partout dans le monde ! Qui l'eût cru autrefois ?

Ma vie durant, j'ai veillé à ne jamais condamner une nouvelle tendance, un nouveau mouvement, une nouvelle proposition musicale. J'ai toujours su attendre avant d'exprimer mon avis, avant d'accepter, d'accueillir ou bien de critiquer. Ma devise – si tu n'es pas sûr, ferme ta gueule – signifie qu'il faut pour le moins quatre ou cinq années, et quelques albums, avant de pouvoir juger si les maladresses des débuts ont finalement abouti à un vrai talent. C'est pourquoi je suis attentif aux personnages et aux auteurs de textes, tels que MC Solaar, Akhenaton, Grand Corps Malade, Kery James, Passi et tant d'autres encore... Au temps des yéyés, déjà, je crois avoir été l'un des rares à les aimer en bloc. Où sont-ils les détracteurs du rock ou du twist de l'époque ? Je suis prêt à parier qu'ils jurent haut et fort avoir été conquis par le mouvement des années 1960 dès ses débuts.

Du reste, quelle différence y a-t-il vraiment entre l'auteur qui écrit sur une musique et celui qui écrit sur des rythmes ? Personnellement, je n'en vois aucune. Ce qui importe à mes yeux, c'est la qualité et la beauté du texte, quel que soit son support. Il existe, dans le rap et le slam, des merveilles de poésie, inspirées par nos banlieues ou par la rue, composées dans une langue fleurie, très proche de l'argot que l'on parlait du temps de mon enfance dans nos quartiers parisiens.

> À mes oreilles,
> Il n'y a que le bon et le mauvais,
> Entre les deux,
> Peuvent juste se glisser
> Quelques textes passables,
> Mais tout juste.

À ce propos, j'ai eu l'occasion de voir à la télévision – car je m'intéresse toujours à ceux qui pratiquent mon métier – une excellente émission prouvant que la chanson tient une très haute place dans le cœur des Français, et parfaitement menée par son animateur, Nagui. Tandis que le participant chante, le texte de la chanson s'affiche simultanément au bas de l'écran. J'ai ainsi pu prendre le temps de (re)découvrir certains textes, et d'en constater malheureusement souvent la pauvreté, l'ignorance, le vide. Comment leurs auteurs ont-ils pu écrire autant d'inepties et se prendre au sérieux ? On retrouve dans leur « poésie » tous ces ingrédients de basse catégorie qui abrutissent si bien le goût du public. Fort heureusement, on entend aussi des chansons de grande qualité, bien écrites, où se mêlent sens poétique et écriture populaire. Preuve indiscutable que la *manière française*, qui a toujours fait l'admiration de nos confrères américains ou italiens, est toujours vivante.

Nous n'avons décidément pas à nous plaindre, la relève a fait son apparition avec succès. Ce qui m'agace, c'est d'entendre certains journalistes en mal de formules s'obstiner à l'appeler la « nouvelle chanson », niant ainsi sa diversité de formes et de genres. La nouvelle chanson, c'est un peu comme la Nouvelle Vague ou le beaujolais nouveau... Pourquoi se fatiguer à chercher plus loin ? Allons ! Il n'y a pas que l'écriture qui soit tenue de se renouveler, les titres ne font pas exception !

Je devrais me taire, j'ai eu suffisamment de détracteurs au long de ma carrière. Mais que voulez-vous, quand il s'agit de mon métier, je ne fais pas dans la demi-mesure. Et puis s'attirer des ennemis à mon âge, c'est plutôt flatteur... J'ai tout de même espoir cependant que mes paroles fassent réfléchir. La critique n'est pas toujours inutile, particulièrement si elle se fait constructive. J'ai beaucoup appris moi-même à travers tout ce que l'on m'a déversé dessus, et je me suis beaucoup corrigé aussi. J'ai tenu compte de nombreux conseils et critiques, et la seule chose que je n'ai pu changer, c'est ma taille. Il faut dire que je ne me voyais pas chanter sur des échasses.

>
> Il existe
> Deux sortes d'artistes.
> Le spontané fait tout d'instinct,
> Il a des facilités.
> Le laborieux,
> Jour après jour,
> Se fignole devant un miroir.
> Tant que le public s'y retrouve
> Les deux manières se valent.
> Mais celle que je préfère...
>
> Ne regarde que moi.

Si les anciens se montrent parfois durs avec leurs successeurs, la jeunesse sait aussi ne pas être tendre. Ainsi voit-on de tout récents chanteurs introduire dans leurs chansons deux ou trois phrases vaguement philosophiques ou politiques, et se considérer pour cela comme des monuments de la *nouvelle* chanson française. Allons ! Ils sont nombreux ceux qui aimeraient que la critique et le public découvrent en eux le renouveau d'un genre soi-disant tombé en désuétude. C'est bien normal, on s'imagine si facilement être né pour bousculer et faire oublier les Georges Brassens, Guy Béart, Georges Moustaki et autres Charles Trenet... Mais au lieu de nous obstiner à faire reconnaître en notre petite personne le messie musical que tout un chacun attendait, laissons le temps, les efforts et les bobos à la tête nous construire, nous polir et faire de nous ce que nos dons doivent naturellement nous permettre de devenir. Tant d'autres auparavant n'ont fait que passer comme des étoiles filantes ! Ne cherchons pas à être des légendes dans notre seule et petite tête : soyons en nous-mêmes ce que nous sommes au regard de tous.

L'art, dans sa forme naissantes, peut apporter beaucoup aux désabusés de la nouveauté – dont je fais partie. Mais, ne nous y trompons pas, il n'est la plupart du temps nouveau qu'aux oreilles de ceux qui n'ont pas de mémoire. Et cela n'a pas d'importance : au fond, les millions d'amoureux des mots et des mélodies ne sont pas à l'affût d'une forme d'écriture renversante, mais tout simplement de bonnes chansons, interprétées par de jeunes gens que l'amour du métier amènera, lentement mais sûrement, à écrire de petits bijoux.

Ce qui m'émeut le plus chez les nouveaux artistes, c'est le combat qu'ils décident de mener et qui les conduit, chanson après chanson, à progresser pas à pas, mus par la force de leur jeunesse, par la tension et la légère gaucherie qu'ils appliquent à toutes leurs interprétations. Cette ardeur-là, elle fait chaud au cœur de l'éternel râleur que je suis quand il est face à son écran de télévision.

Ah, demandons à un artiste installé s'il n'aimerait pas, non pas rajeunir, mais avoir seulement la possibilité de recommencer à zéro pour remonter, marche après marche, année après année, vers les sommets de la réussite – en corrigeant au passage, bien sûr, les quelques erreurs qu'il voudrait bien faire oublier ! Je suis persuadé que quatre-vingt-dix pour cent de mes consœurs et confrères consentiraient à troquer leur succès contre un peu de la hargne que certaines valeurs montantes montrent sur scène chaque fois qu'elles se battent pour convaincre le public et l'entraîner dans leur univers.

> Ne pas être tout à fait professionnel,
> Garder un soupçon d'amateurisme
> Pour rester au plus près de la vérité.

CHARLES AZNAVOUR

Le pro est fait de métier,
L'amateur, lui, est fait d'amour.

C'EST UN VÉRITABLE COMBAT qui se joue sur scène, et il n'est pas sans danger. Nombreux sont ceux qui flanchent le jour où ils doivent défendre seul leur place dans un spectacle ! Pour ma part, je suis entré dans le métier à une époque où l'apprentissage de la scène était, dès les premiers pas, un passage obligé et où l'on ne pouvait compter sur le secours de la machine médiatique pour nous attirer la faveur du public. Cependant, un semblant de réussite télé ne fait pas tout : dans chacune des émissions où le jeune artiste est invité, les gens l'acclament, et à chacune de ses entrées et sorties, il a droit à ce que l'on appelle en bon français une *standing ovation*... Il est soudain persuadé que tout roule dans le bon sens. Alors il se prélasse sur son tapis volant, sans même remarquer que c'est le chauffeur de salle qui manipule le public comme une marionnette pour impressionner les téléspectateurs – applaudissez, levez-vous, hurlez de bonheur, criez le prénom de l'artiste, tendez les bras vers lui, assis... ! –, et, grisé par les cris d'allégresse (n'est-ce pas que c'est grisant ?), il se laisse prendre aux triomphes aux alouettes.

Et puis vient le temps de se produire en seconde partie, en vedette, dans une véritable salle de spectacles. Quelque part en province, l'artiste fait ses débuts de jeune révélation télé. Alors le trac le gagne – ce trac que l'on ressent lorsque l'on a conscience de jouer sa vie, son futur, sa carrière. Il arrive au théâtre bien avant l'heure, anxieux, fébrile, ne sachant que faire de tout le temps qui reste à tuer avant l'ouverture des portes. Les questions surgissent : est-ce qu'il y aura du monde ? Suis-je vraiment prêt pour une deuxième partie ? Vais-je me montrer à la hauteur ? Comment ce public-là va-t-il réagir à mes chansons ? Plus l'heure approche, plus il se sent nerveux et préoccupé.

C'est là qu'intervient l'ami, il y en a toujours un, pas loin, avec une bonne idée, et il en apporte justement une sur un plateau. Pourquoi ne pas avaler un petit remontant, histoire de s'offrir un bon coup de fouet et de retrouver une belle assurance ? La proie flanche, ça y est, le premier verre est bu. Il a, paraît-il, un effet bénéfique. Un second ne peut que mieux faire encore. Insidieusement, l'habitude s'installe. Il en sera de même le lendemain dans une autre ville, puis dans une autre ville encore. À l'abord d'une grande ville, célèbre pour son public chaud et connaisseur, ce n'est plus le trac, c'est la panique. Le petit remontant ne produit plus son effet, alors l'ami, le diable en personne, oui ! celui qui a toujours avec lui des remèdes infaillibles, préconise une petite ligne. Il connaît quelqu'un en ville qui pourrait dégotter la potion magique. Il y en aura même assez pour deux ! Paralysé par l'angoisse, l'artiste ouvre son portefeuille pour son acolyte et pour lui-même. C'est vrai, la poudre le libère, elle lui donne de la force, et le voilà qui monte sur scène comme il irait au front, mais avec cette étrange sensation de ralenti, comme s'il était sur un nuage… Ça marche ! Alors ça marchera demain, après-demain et tous les autres jours. Et voilà encore l'habitude ! Que dis-je, l'habitude ! Le besoin est pris. Et puis l'ami n'a pas de mal à se faire convaincant : ce n'est pas une dépendance, on s'arrête quand on veut ! Mais en attendant, on raque et on augmente les doses… Jusqu'à quand ? Jusqu'où ? C'est vrai, certains s'en sont sortis, mais à quel prix !

Notre jeune valeur montante, celle-là même qui croyait vivre dans un rêve, se rend-elle seulement compte qu'elle est en train de se détruire ?

Alors qu'elle avait fait un démarrage formidable dans le métier, d'autres peu à peu se réservent sa place. Première désintox, retour à la scène, rechute, retour à la désintox... Elle a tout gâché, tout gâté. Très vite, elle n'est plus *bankable*, comme on dit dans notre jargon. Les gens sérieux refusent de prendre des risques sur son nom et c'est la lente descente vers les spectacles bon marché, les foires et les dancings sordides. C'est donc cela, le rêve d'un artiste ? Ne plus être considéré ? Être le prénom que le public a fini par oublier, le ringard, le paumé ? Non, personne n'espère cela, personne même ne s'y attend. Alors à qui la faute ? La machine médiatique est certes sans pitié, mais enfin, combien de mes camarades, non dénués de talent pourtant, ont-ils fini par mal tourner ! Certains sont morts d'une overdose, d'autres ont caché leur déchéance dans l'anonymat, d'autres encore se raccrochent désespérément à l'idée qu'il n'est pas trop tard, que le temps de l'embellie peut venir encore, et que ce qui leur arrive est le fait de celui-ci, de celui-là, des producteurs, des imprésarios, mais jamais le leur. Ils oublient qu'être un artiste, même entouré et adulé, ne dispense pas de prendre ses responsabilités.

À L'ÂGE DE QUARANTE-HUIT ANS, je décidai de prendre les miennes : j'arrêtai de fumer. C'était jusque-là ma drogue, le pire des poisons pour un chanteur. La cigarette, elle qui semble exercer un pouvoir magique sur les jeunes générations (et depuis quelques années les très jeunes), elle qui symbolise si souvent l'entrée dans l'âge adulte, m'avait très tôt séduit. C'est qu'elle nous donne un semblant d'élégance, notre geste en devient suave et joli. Elle devient vite un instrument de convivialité, voilà qu'on se fait offrir une cigarette ou qu'on en offre une, on fume avec nos amis, à grand renfort d'airs sérieux. Puis vient le moment où l'on fume seul et à des doses de plus en plus importantes. Ce qui n'était qu'un geste se transforme en nécessité ; un paquet de vingt remplace soudain les deux cigarettes quotidiennes. Il n'y a qu'un pas à franchir… Je fumais pour ma part jusqu'à trois paquets de Gauloises par jour. Durant un enregistrement, je pouvais tout arrêter pour m'en griller une, et je prétendais ensuite que tout allait bien. Tu parles ! Ce qui devait arriver arriva. Le souffle me manqua, ma voix eut des ratés comme une vieille automobile, j'eus les bronches chargées six mois sur douze, et les bronchites se déclarèrent selon une fréquence régulière : la première aux prémices de l'automne, la deuxième à l'appel du printemps. Nous étions en 1972 et j'avais commencé à fumer en 1938, soit trente-quatre années de poison dans les tuyaux. J'étais fait comme un rat. Il était urgent de réagir. Je ne trouvai pas pour cela de remède miracle. J'acceptai seulement d'admettre que fumer tue (eh oui !), que la nicotine n'est pas nocive qu'aux autres, et que finir ma vie avec les bronches en lambeaux ne m'apporterait rien de bon. Sans parler de mon entourage, qui devait se lasser de me voir cracher mes poumons à longueur de jour et de nuit. Bref, j'acceptai d'admettre que mon comportement était d'une stupidité sans bornes. Je prévins donc tous mes amis et tous mes collaborateurs que, s'ils me surprenaient à fumer, cela voudrait dire que j'étais un beau salaud. Je cessai, au passage, de faire traîner des cigarettes partout dans la maison et, pour ne pas passer pour un salaud, je m'arrangeai – au prix de grandes difficultés, je l'avoue – pour ne mentir ni à mon entourage ni à moi-même. Aujourd'hui encore, je garde des séquelles de mon inconscience. Si le souffle m'est revenu, je n'ai en revanche jamais pu me débarrasser de mes bronchites.

Mais je ne m'en tire pas si mal. Mon ami Sammy Davis Jr. eut moins de chance que moi. Et pour cause. Constatant que ses poumons étaient en mauvais état, il consulta un éminent praticien. Ce dernier lui recommanda naturellement de ne plus fumer. « Plus du tout ? lui répliqua Sammy, même pas une ou deux cigarettes par jour ? » Histoire de ne pas trop le faire souffrir du sevrage, le médecin lui en concéda deux, au grand maximum trois, mais il fut bien clair : « Pas une de plus. » Sammy s'en retourna ravi et s'empressa de demander à un ami fabriquant de poison de lui confectionner des cigarettes plus longues. Ainsi il ne fuma plus que trois cigarettes par jour, mais chacune mesurait près d'un mètre. Les cigarettes ne cessant de s'allonger, sa vie, elle, en fut écourtée, pour le plus grand désespoir de ses millions d'admirateurs.

En dépit de tout ce que l'on a pu dire sur son compte, Édith Piaf, elle, ne fumait ni ne se droguait. Durant les dix ou douze années où j'ai vécu chez elle, je peux jurer n'avoir jamais vu passer la moindre seringue ni aucune de ces substances dont on parle de nos jours. Non, Édith se droguait de médicaments qu'elle se faisait délivrer sur ordonnance. Elle se droguait de bonne bouffe, de bière, et surtout de bons vins. Si bien qu'un jour, son médecin lui en restreignit la consommation, lui accordant tout juste la permission de boire un petit verre à table. Soit. Mais comme elle appréciait particulièrement les excellents vins de Philippe de Rothschild, je l'entendis un jour, de sa plus jolie voix d'enfant, prier M. le baron de lui indiquer où elle pouvait obtenir l'un de ses précieux nectars. Élégant, ce dernier lui fit aimablement livrer plusieurs caisses d'un de ses grands vins – et l'une de ses meilleures années ! Nous les savourâmes avec modération, pas au verre, non, au goulot ! Ce qui n'a pas arrangé la santé d'Édith, c'est sûr...

N'étant pas un saint non plus, j'ai suivi ses goûts et ses tendances, participé à ses excès – alcools, champagne, cigarettes et nuits sans sommeil – et aujourd'hui, encombré de mes deux bronchites, j'en viens à regretter certains de ces débordements. Je ne renie pas pour autant mes anciennes faiblesses, elles sont le lot de nombreuses vies d'artistes, mais le jeu étant joué, je me demande si elles en valaient réellement la peine. Il est bien sûr trop tard pour regretter, ou même pour me plaindre, alors je fais avec, en tâchant de sauver la face.

Prenons garde : tôt ou tard, il nous faut payer la facture, et elle peut se révéler très lourde. Voilà qui est dit. Ne nous égarons pas plus longtemps et reprenons le fil de notre sujet.

La plupart des gens mésestiment les difficultés de notre profession. Cela explique pourquoi tant d'adolescents caressent le rêve de devenir artiste. Dans leur vie, tout les barbe : marre des études, marre des contraintes familiales, marre qu'on les force à bien travailler pour réussir leurs études, marre d'entendre ressasser qu'il faut partir dans la vie avec un bagage important ! C'est alors que leur vient à l'esprit la question fatidique : pourquoi devraient-ils se crever à suivre des classes rébarbatives pour finir – finir, c'est le mot ! – comme employé invisible dans une entreprise ou une administration obscure, avec à la clef un salaire de misère ? Et pour perdre ensuite des décennies d'une vie sordide de bureau pour constituer une lugubre retraite qui se passera à biner le jardin d'un pavillon de banlieue ? Pourquoi s'organiser une telle existence lorsque l'on peut, sans faire trop d'efforts – du moins le croient-ils –, se retrouver en haut d'une affiche de théâtre, de music-hall ou de cinéma, glorieux, adoré et enrichi ?

Le scénario est alléchant, mais malheureusement le succès, le vrai, ne vient pas comme par enchantement. La vie d'artiste, c'est aussi tout ce qui précède le succès – encore faut-il qu'il veuille bien se montrer un jour... Deux doigts qui claquent et l'on serait lancé ? Non, pour peu que le filon de la télé-réalité nous soit passé sous le nez, il nous faut accomplir les préliminaires, qui comprennent tout ce que l'on peut imaginer de galères, de spectacles de rue, d'auditions ratées, de « merci, laissez votre adresse, on vous enverra un mail », de « savez-vous l'anglais, l'espagnol, monter à cheval ? », de « avez-vous un répertoire de chansons ? », « qu'avez-vous fait avant de venir ici ? », « avez-vous des photos ? », « dans quel cours avez-vous appris ? ». Il nous faut aussi nous habituer aux sempiternels mots, avilissants, déclamés par Jacques Brel dans la chanson *Au suivant*. Et l'on passe, les uns après les autres, comme les bœufs vont à l'abattoir... On a quitté le foyer familial en annonçant sur le ton du défi : « Vous allez voir ce que vous allez voir ! » Et que voit-on finalement ? Eh bien, pas grand-chose, hélas : une petite publicité à la télévision ou à la radio, des clichés pour un roman-photo dans un magazine de troisième catégorie, une figuration type « à peine entrevu déjà disparu » dans une série télévisée... Ah, on est loin des marches que montent les vedettes, belles, épanouies, ravies, au Festival de Cannes. Putain, on se le ronge ce frein, on se la ravale cette salive ! On a beau crâner, on ne réussit à convaincre personne, et encore moins notre propriétaire, qui menace tous les mois de nous mettre à la porte...

Alors on se rend compte que la scène est bien un métier comme les autres, avec ses règles, ses difficultés, ses déboires et son chômage – bien plus long, souvent, que dans les autres secteurs d'activité. On découvre soudain qu'avant de devenir une étoile, la priorité de beaucoup d'amateurs est de trouver un travail pour vivre. Pour peu que l'on ait compté sur son physique pour réussir, on prend conscience que la beauté des visages et des corps est une chose, mais qu'elle ne dure qu'un temps. Il faut donc tout reprendre à zéro et se soumettre à une importante discipline : apprendre avec rigueur, travailler sa voix et sa respiration, courir le cachet légitime ou minable, économiser sur tout, lire et relire – ce que l'on refusait de faire auparavant –, faire preuve de curiosité et se forger, comme c'est le cas dans n'importe quelle discipline, une véritable culture artistique. La vie d'artiste nous réclame de garder toujours l'œil et l'esprit ouverts. Une seule journée sans apprendre quelque chose d'utile – ou même d'inutile – est une journée de perdue. Peut-on prétendre devenir auteur-compositeur et ignorer les beautés des textes de notre patrimoine ? Peut-on se dispenser de connaître, en vrac, Molière, Racine, Corneille, La Fontaine, Guitry, Anouilh, ou tout simplement les grands de la chanson française comme Trenet, Brassens, Brel, Béart, Xanrof[22], Bruant et j'en passe (non, je ne vais pas noircir toutes les pages d'un livre du nom de ces génies qui, à force de sueur, de doutes et de talent, ont fait rêver bien des générations de jeunes gens) ?

Mieux vaut donc mener ses études à terme avant d'entreprendre quelque métier artistique que ce soit. Car si l'on se fait toujours piller par des plus malins que soi quand on croit être le plus avisé, il y a cependant une chose que l'on ne peut jamais nous prendre : c'est ce que nous avons appris.

Arrêtons-nous un instant et prenons le temps d'examiner ces termes qui font fantasmer et que beaucoup d'entre nous s'imaginent étroitement liés à la profession d'artiste. J'ai nommé amour, fortune, pouvoir et gloire.

Amour. Mais qu'est-ce donc ? Se faire remarquer au bras d'un ravissant top model ou d'une actrice de cinéma, et paraître en photo dans la presse chaque fois que l'on change de partenaire ? Merci bien. Non, pour l'amour proprement dit, il n'est besoin ni de gloire, ni de fortune, ni même de pouvoir : charme et talent doivent pouvoir faire l'affaire, et pour certains aussi l'intelligence, l'humour et la conversation.

Fortune. Ah, mener un train dispendieux, jeter l'argent à tous les vents, organiser des fêtes somptueuses où l'on dépense en une soirée de quoi nourrir pendant une semaine tout un quartier de gens nécessiteux ! Ah, vivre une vie digne d'un conte de fées ! Très bien. Mais ce train de vie-là, il y a mille et une façons de le gagner, et croyez-moi, les artistes n'ont pas nécessairement trouvé le meilleur filon pour se l'offrir... De plus, il ne suffit pas d'avoir l'argent pour accéder au cercle des gens véritablement fortunés. Moi-même, j'ai voulu autrefois y entrer. Mais j'ai vite compris que l'on ne concurrence pas des richesses colossales sous prétexte que l'on gagne largement sa vie. Et puis, pour peu que l'on soit reçu dans ces milieux, ne nous leurrons pas : nous ne pouvons jamais en faire vraiment partie. Ce qui n'est pas plus mal : en ce qui me concerne, m'éloigner de la pauvreté serait revenu à nier mon propre passé. Je viens d'une famille modeste aux goûts humbles et j'ai donc préféré faire de l'humilité une manière de vivre. Dissimuler mes origines eût été le premier des mensonges, or j'ai toujours eu peur du mensonge (sa comptabilité est plus difficile à tenir que celle de la vérité).

Pouvoir. Je ne m'étendrai pas. À moins que l'on n'envisage d'entrer en politique, d'inventer sa propre religion ou de devenir un magnat de la finance, je n'en vois pas l'utilité.

Gloire. Pour tout obtenir grâce à la notoriété ? Pour être de toutes les réceptions où il fait bon être vu ? Pour avoir le bonheur d'apparaître dans les magazines en photo timbre-poste et se délecter de faire partie de la sacro-sainte jet-set ? Quel leurre ! La gloire s'efface vite sous le fardeau de tout ce à quoi elle nous oblige à renoncer pour l'atteindre. C'est qu'elle pointe très souvent son nez bien au-delà de trente-cinq heures de travail par semaine, à force de nuits courtes, de problèmes nombreux, d'angoisses perpétuelles et de famille sacrifiée... Bien sûr que l'on est tenté de croire, dans la griserie des applaudissements et compliments, que nous jouissons d'un statut à part. De l'illusion à la désillusion, que l'on franchit sans peine dès que le succès se présente. Une fois rentré chez nous le soir, nous bravons la réalité dans notre miroir. Son reflet vient nous rappeler que nous ne sommes que d'humbles travailleurs, souvent épuisés, mais désireux d'exercer notre métier le mieux possible. Le joaillier cherche à fabriquer le plus beau des bijoux avec quelques grammes d'or ou une pierre (précieuse ou non), l'horloger assemble une montre, l'obstétricien aide la femme à accoucher de son enfant, le médecin guérit ou soulage le malade, le chercheur découvre ou met le doigt sur une évidence... le chanteur chante. La voilà la réalité. Elle est aussi simple que cela.

> Vous nous chanteriez bien
> Une petite chanson ?
> Quel est votre métier ?
> Tailleur.
> Vous me feriez bien
> Un petit costume ?

Jamais nous ne pouvons nous permettre de détourner les yeux de notre ouvrage. Les moments, certes agréables, où l'on se laisse bercer d'une douce quiétude sont les premières manifestations d'un désintérêt naissant pour notre métier. Chaque soir de mon existence, j'ai pris soin de lire ou de répéter une chanson oubliée, que ce soit en français ou dans une langue étrangère. Ainsi, à tout moment, je me tenais prêt au spectacle. Au fond, le secret de la longévité de ma carrière réside dans la manière dont je conçois la profession : moins on en fait, plus il nous sera difficile d'en faire l'échéance venue ! Lorsque la flemme s'installe, lorsque l'urgence se relâche, l'inventivité en prend un sacré coup. On est soudain tenté d'offrir au public plusieurs fois la même chose, par facilité, par manque de plaisir et, aussi, par l'impossibilité que nous avons de faire autrement.

On entre dans ce métier
Comme on entre en religion.
Du moins est-ce ainsi
Que je conçois les choses.

Ce métier m'a tout apporté.
Je lui dois mes sacrifices,
Tout ce que je possède,
De mes chaussettes à ma maison,

En passant par ma voiture
Et quelques-uns de mes amis.

Et pas mal de mes détracteurs aussi.

Oh non, je ne cherche pas à vous dresser un tableau apocalyptique de la vie d'artiste. Notre métier est certes des plus ingrats car il repose sur une communion délicate avec le public, mais il est extraordinaire par bien des aspects. Et puis les artistes ont beau être aujourd'hui considérés comme des marchandises, ils ne peuvent être vendus qu'à la pièce. Lorsque l'un d'entre eux tombe, personne ne peut prendre sa place car de place, tout simplement, il n'y en a pas. D'autres peuvent certes occuper l'espace laissé vacant. Mais la véritable place, c'est l'artiste qui se la fait et, quand il part, il part avec. Il n'existe pas de fonds de commerce personnel du talent. Personne ainsi n'a pris la place de Charles Trenet, de Georges Brassens, de Jacques Brel ou de Barbara. Dans ce métier, l'incroyable est que l'on peut voir apparaître des artistes à l'infini sans qu'aucun détrône, sur la scène ou dans nos cœurs, ceux qui ont disparu.

Seulement, pour donner à ce miracle une

chance de s'accomplir, il faut en vouloir sacrément ! Laissez-moi vous raconter une anecdote qui, je le crois, reflète bien la détermination qui me caractérisait au début de ma carrière – et ne m'a pas quitté depuis. Cette détermination, elle devrait à mon sens accompagner tous les aspirants au métier car, alliée au talent et au travail, elle est la seule clef de la réussite.

En 1948, au mois de septembre, je me retrouvai lâché autour de 20 heures à Manhattan, ou plus exactement à Times Square, Broadway. *New York, it's a hell of a town !* Je n'avais que peu d'argent en poche, mais cela avait-il de l'importance comparé à l'expérience qu'il m'était donné de vivre ? Plein la gueule, quand je dis plein la gueule, c'est que véritablement j'en ai pris plein la gueule ! Je reçus le spectacle de la ville en pleine face et restai bouche bée. La nuit n'était pas encore tombée et, dans une atmosphère entre chien et loup, le ciel se dessinait au-dessus des tours, rouge. Rouge comme si un volcan crachait ses feux à deux pas de la place. Ah, je devais avoir l'air fin, avec ma valise, au centre de cette ville fourmillante, outrageusement éclairée par des milliers de lumières ! En cette époque de sortie de guerre, Paris, que l'on avait surnommé la Ville lumière, Paris était noir, triste et déprimant. L'Amérique, elle, n'avait pas connu la tourmente sur son sol. Bien sûr, elle avait payé le prix de sa victoire en laissant dans les cimetières de Normandie une part de sa belle et héroïque jeunesse venue combattre pour la liberté des peuples et sortir l'Europe de la tyrannie vert-de-gris de l'occupation nazie. Mais à l'inverse de la nôtre, la terre d'Amérique était restée vierge de destructions et de massacres.

Ce soir-là donc, émanait de l'air un parfum de sucre de guimauve, de friandises et de friture. J'avais l'impression de vagabonder dans un gigantesque parc d'attractions et de me noyer dans un vacarme de klaxons et de musiques braillardes. Chaque passant me semblait tout droit sorti de la masse des figurants d'un film de Frank Capra ou d'Elia Kazan – ces films que l'on jouait dans les cinémas parisiens de mon enfance. Tous les visages me paraissaient formidablement familiers. Je les avais à ce point espérés, imaginés, attendus, que New York ne m'était déjà plus tout à fait étranger. L'ambiance alentour était assourdissante. Chaque magasin diffusait une musique différente et, parvenues au centre de la place, ces musiques s'entrechoquaient, faisant concourir, sans que ceux-ci l'eussent jamais demandé, les œuvres de Cole Porter[23], George Gershwin, Irving Berlin[24], interprétées par les orchestres de Bennie Goodman[25], Arty Shaw ou Stan Kenton[26]. Le tout offert sur un fond musical de Frank Sinatra, Louis Armstrong, Ella Fitzgerald ou Bing Crosby et de tous les nouveaux venus au hit-parade. Les gens déambulaient de tous côtés. Certains mangeaient des hot-dogs accompagnés de cette boisson nouvelle pour moi, le Coca-Cola, que des machines automatiques vous crachaient en retour d'une pièce de cinq *cents*. J'avais le sentiment que toutes les frustrations de la guerre allaient imploser dans mon cœur, faisant de moi un homme nouveau, un homme du XXe siècle. Je me retenais d'arrêter les gens pour leur parler. Parler, oui, mais en quelle langue ? Toutes ces personnes autour de moi m'avaient l'air sympathique, quoique indifférentes et pressées. Il ne leur en restait pas moins un énorme défaut : elles ne parlaient pas ma langue. Avec mes quelques malheureux dollars, j'arpentai Times Square de long en large puis de large en long. Impossible d'aller me coucher, je n'aurais pas réussi à dormir. Pensez donc, j'étais en Amérique, au pays de Gary Cooper, Errol Flynn, Al Jolson[27]... J'entendais tout, je voyais tout, sauf le temps passer.

Peu à peu, la ville devint moins dense, et elle me sembla offerte, ainsi désertée par les promeneurs. Ces derniers firent place aux travailleurs de la voirie, aux bennes à ordures et aux grands bacs à détritus où les pigeons vinrent picorer. Que me restait-il à faire sinon chercher une chambre et essayer de m'endormir malgré l'excitation qui me tenait en éveil, le cœur battant de bonheur et de fierté de me trouver en ce lieu ? Moi, le petit Français perdu et éperdu, le jeune homme goulu, gourmand de vivre, de connaître et de se faire connaître, j'étais entré dans cette Amérique grande, légendaire et tant de fois rêvée ! J'avais la liberté au bord des lèvres, et elle me donnait envie de crier à tous : « *Hey men*, je suis français et j'ai réussi à venir voir comment on vivait chez vous ! » J'ai fini pourtant par trouver un hôtel et m'endormir, avec sur les lèvres un merci à la vie qui avait bien voulu m'accorder ce miracle. J'aurais pu me sentir seul, désœuvré, désemparé dans cette fourmilière, et pourtant je ne pus m'empêcher de me murmurer pour moi-même : « Amérique, à nous deux ! »

Rideau.

L'artiste peintre, sculpteur, écrivain,
Chanteur, acteur
N'est certainement pas un être comme les autres.
Bien qu'il ne semble guère différent,
Son monde n'est pas clair.
Il vit sa vie à travers un léger voile
Ou une brume, qui ne commence à se lever
Que lorsqu'il commence à naître
Dans le regard des autres.

Il vit sous les rayons du soleil de la réussite,
Le succès l'éclaire, l'embellit, le sublime,
Lui donne du charme, de l'élégance,
Parfois même de la classe.
Il devient un autre lui-même,
Le travail le stimule et le magnifie.

Pourtant, comme toutes les choses de ce monde,
Il subit les outrages du temps.
Et petit à petit,
Ayant vécu les printemps de son talent,
Traversé les étés de sa gloire,

CHARLES AZNAVOUR

Il se trouve au cœur de ses automnes.
Et lentement, retombe ce voile de brume
Qu'il a pourtant eu tant de mal à franchir.
Les regards se portent alors sur les plus jeunes,
Les nouveaux venus, charriés par les courants
De la mode,
Les dans-le-coup, dans la mouvance.

L'artiste, lui, continue à travailler,
À s'en crever les yeux,
À en trembler des mains,
À en perdre le souffle avec ce curieux sentiment
D'être oublié, balayé, délaissé,
Jusqu'au soir d'hiver où, enveloppé de nuit,
Il laisse la place à la légende et au génie...

« Je me marre, je me marre. »

Je souffre l'écriture
Je souffre le rimer
Je souffre l'aventure
Des mots à l'arraché
J'angoisse le décrire
J'angoisse le créer
Je ne sais quand j'y pense
Qui me pousse à écrire
Les choses en souffrance
Les mots courants en maux.

À MES DÉBUTS D'AUTEUR – et non de parolier, je tiens à la nuance –, j'écrivais pour le duo Roche et Aznavour[28] des textes susceptibles d'intéresser les jeunes de notre génération. Dans cette veine, il y eut *Oublie Loulou*, *Départ Express*, *Le Feutre taupé*, *J'aime Paris au mois de mai*..., des chansons jazzy, dans l'idée que nous nous faisions – et nous n'étions pas les seuls – du goût américain. Je cherchais donc à travailler mon écriture et à n'employer que des mots courts, afin que mes textes collent le mieux possible à l'efficacité des musiques rythmées. Ce fut ma première révolution. Huit ans plus tard, après la dissolution du tandem, je continuai dans ce style avec *Pour faire une jam*, *Prends le chorus*, *J'entends ta voix*... Puis lentement, je me dirigeai vers des sujets plus tendres, ce qui donna *Sa jeunesse*, *Le Palais de nos chimères*, *Sur ma vie*, *Si je n'avais plus*... Comme le public jeune m'était acquis, je voulais m'en attirer les parents avec ces chansons-là – parents qui me reprochaient des sujets dérangeants, à l'heure où la liberté sexuelle n'avait pas encore droit de cité. *Viens, donne tes seize ans*, *Je veux te dire adieu* ou *Après l'amour* n'étaient pas interdites sur les ondes radiophoniques, mais elles restaient hypocritement déconseillées. Elles furent ma deuxième révolution (excusez du peu). Les mots ne m'ont jamais fait peur, seule la façon de les dire me brusque. Je considérais donc à l'époque que l'on pouvait tout exprimer dans une chanson, que l'élégance tenait plutôt à la manière et à la rigueur. Néanmoins, ma pudeur naturelle me poussa un jour à me remettre en question, passé un certain âge, et malgré mon désir de conserver un langage très ouvert, je me mis à trouver indécent de dire certaines choses.

> Jeune, on peut vous traiter de mal élevé,
> Mais si avec l'âge vous réussissez,
> On dira que vous avez du langage.

À ce propos, il m'arrive encore de penser à ce monsieur que je rencontrai un soir de concert et qui m'avoua : « Si je vous avais croisé il y a trente ans, je vous aurais mis mon poing dans la gueule. » Stupéfait, je lui demandai pourquoi, et il me rappela l'époque où je chantais justement sur toutes les radios *Viens, donne tes seize ans*. Sa fille, à ce moment-là, venait de fêter ses seize printemps. Le temps ayant calmé les colères de ce brave homme, et le papa aimant s'étant modernisé, il ne me cassa pas la gueule. Et puis, qui sait, peut-être avait-il connu depuis une charmante enfant à qui il avait offert mon disque ? Mais refermons la parenthèse.

Toutes ces chansons, je pourrais les chanter aujourd'hui sans craindre d'être critiqué – elles appartiennent au passé –, mais je ne veux plus en écrire. Elles prendraient une tournure vulgaire, et j'ai horreur de la vulgarité. Aussi, je ne chante plus désormais que les chansons de ma troisième révolution – la dernière sans doute – qui parlent de faits de société, de problèmes humains, de banlieues, d'écologie : *Mon émouvant amour, Ils sont tombés, L'Aiguille, Un mort vivant, Comme ils disent, Je t'aime a.i.m.e, Amour amer, Rouler...* Ou encore *Bon anniversaire, Tu t'laisses aller, À ma fille, Une enfant...*

> J'aime les grands cris du cœur,
> Et de la voix.
> Mais aussi les mots murmurés.
> Les mots tendres,

> Pour être tendre
> Me laissent indifférent.
> Quant aux choses mièvres,
> Elles m'épuisent.

Voilà. L'écriture me vient. J'ai d'un coup l'impression que le vide se fait autour de moi, non seulement dans ma tête, mais aussi dans mon corps. Je me sens comme un roseau creux dans lequel quelque chose va naître, bientôt. À ce moment précis, plus rien alentour ne m'intéresse, je suis tendu vers un but, sans savoir exactement lequel. Cette sensation étrange est le signe que je vais écrire un ou plusieurs textes.

Chaque jour, à chaque instant, je fais moisson de sentiments, d'idées, d'impressions jusqu'à ce qu'une légère oppression me gagne, s'intensifiant au point de me rendre hypernerveux, voire irascible. Je perds l'appétit, je n'arrive pas à trouver le sommeil, je me découvre l'irrépressible envie d'être seul. Alors seulement, je pénètre peu à peu dans un univers de mots, un univers que j'aime et dans lequel je me sens réellement chez moi. Il arrive souvent d'ailleurs que les mots me manquent et qu'aucun dictionnaire existant ne mentionne le terme qui exprimerait au mieux ma pensée. Je commence par me dire que la langue est mal faite et qu'il reste décidément bien des termes à inventer. Puis, le temps et la patience faisant leur travail, je parviens à leur mettre la main dessus. Mais qu'il faut de souffrance pour les découvrir ! Et qu'il est difficile de s'exprimer simplement !

> Artisan, je cimente des mots,
> Et comme un maçon monte un mur,
> J'échafaude des phrases,
> Je polis des images, colle des rimes.
> Puis je vernis ce qui deviendra peut-être
> Une chanson.

Lorsque j'essaie de m'analyser – comme je le fais en ce moment – je sens bien qu'il m'est impossible d'expliquer clairement ma démarche d'écriture. Alors j'en viens à regretter mon manque profond d'instruction. Je me rends compte que si j'avais fait un peu plus d'études, mes moyens en auraient été décuplés et, qui sait, peut-être aurais-je écrit autre chose que des chansons ? Mais comme je n'ai jamais rien su faire d'autre, tout ce qui aurait pu devenir essai, roman ou nouvelle s'est la plupart du temps transformé, déformation professionnelle oblige, en couplet ou refrain. Ayant appris à me contenter de ce que j'avais, j'ai fini par me satisfaire pleinement de cette situation. J'ai toujours refusé d'être un désenchanté, un refoulé de la littérature. C'est ainsi que, chez moi, la musique légère est devenue l'œuvre d'une vie.

> La chanson n'est pas un mot
> Sur une note
> Ni une note
> Sur un mot ;
> C'est une idée,
> Une émotion,
> Une réflexion,
> Une histoire,
> Un jeu avec des mots.

MAIS REVENONS À NOTRE CHANSON... Je lui cherche d'abord un titre, je le cerne, puis j'entre en imaginaire et enfin en écriture. Je commence à la première ligne et ne me lève de ma chaise qu'après avoir placé le point final. C'est un travail rigoureux, de longue haleine, qui peut durer des jours et des nuits. Tout le long, je parle seul, j'échafaude, je projette, je me fais la conversation – en ces temps où la conversation n'est plus considérée comme un art. J'utilise toujours les mots les plus courants, les expressions les plus usuelles, celles que l'on prononce chaque jour et à tout bout de champ : « On ne sait jamais », « et pourtant », « il faut savoir », « désormais », « qui ? », « tu t'laisses aller », « comme ils disent », « ce n'est pas une vie », et tant d'autres de la sorte...

Facile mais sans vulgarité.
Pas littéraire mais de qualité.
Pas de l'ordre du poème,
Mais avec un langage
Dont se dégage une certaine poésie.
Pas intellectuel mais intelligent.
Pas sophistiqué mais élégant.

La forme,
La géométrie.
Simple et expressif.
Sobre,
Dépouillé, tendre, humain, renseigné.
Le mot juste, dense
Mais aussi parfois le mot
Qui sonne le mieux à l'oreille.
Mot fort, épais, évocateur.
La vie de tous les jours,
Les problèmes courants,
Le vers solide jamais aimé,

À VOIX BASSE

Rimant avec regret.
Jamais règne
Avec laine,
Aime avec
Peine.

Inlassablement « amour » rime avec « toujours », « larmes » avec « armes », « monde » avec « seconde »... Seule la phrase change. L'idée apparaît différente bien qu'avec la même rime, cette rime que l'on trouve en bonne place dans le dictionnaire du même nom. Je ne l'ouvre d'ailleurs jamais. À quoi bon ? À chaque nouvelle chanson, j'ai beau chercher à faire varier mon langage, c'est pour ainsi dire impossible ; j'ai beau courir après moi-même, je sais bien que je n'aurai jamais à aller très loin pour m'attraper...

Même si je suis amoureux de la simplicité, je dois cependant avouer qu'il m'arrive de puiser dans le dictionnaire un mot inconnu, et de le placer plus ou moins proprement dans mes chansons jusqu'à ce qu'il me devienne usuel. J'offre ainsi à mon public l'occasion de se cultiver en même temps que moi et, comme moi, d'enrichir son vocabulaire.

Si j'avais pensé un seul instant que l'art
Que je pratique
Est un art mineur,
J'aurais fait autre chose.

« Vous qui êtes un poète... » Ces mots reviennent souvent lorsque l'on s'adresse à moi. À tort. Je ne suis pas poète mais auteur de chansons. Ce sont deux qualités tout à fait différentes. Et si parfois il s'introduit dans mes textes une certaine poésie, je dois reconnaître que c'est accidentel. Je ne la renie pas pour autant, bien au contraire : pour obtenir un beau texte de chanson, il est judicieux de semer un brin de poésie autour des phrases usuelles et des mots de tous les jours. Mais selon moi, les véritables poètes sont ceux qui écrivent pour le simple plaisir de la plume et non pour les besoins d'un disque, d'un refrain, d'un tour de chant ou d'un interprète.

Non, je ne suis pas un poète, je suis un amoureux de la poésie. Très jeune, je lisais déjà les textes d'Omar Khayyâm et Saadi, deux poètes persans, ainsi que les œuvres de l'Arménien Sayat Nova. Je m'initiais également au corpus français avec Victor Hugo et les grands versificateurs Corneille et Molière. Plus tard, c'est mon ami poète Jean-Marc Natel qui me fit découvrir d'autres auteurs. Il me promena d'André Salmon à Jacques Prévert, en passant par Fernando Pessoa. Son influence sur moi alla même plus loin : alors que je ne m'étais jamais intéressé qu'à la peinture figurative, il m'ouvrit à des œuvres plus abstraites et me fit rencontrer de jeunes peintres de grand talent. Poésies, peintures, sculptures, lectures, tout est source de plaisir pour qui ne sait pas mais est boulimique de savoir.

Aventurier des mots et de la chanson,
J'ai voulu découvrir, parcourir,
visiter le monde et les choses.
Je l'ai fait de deux manières :
les voyages et les dictionnaires.
Je suis allé d'est en ouest,
J'ai navigué sur toutes les mers et tous les océans
Visité les plus belles villes,
Contemplé les paysages les plus grandioses,
J'ai admiré les merveilles
que la main de l'homme
A su modeler et construire.
Pourtant je me rends compte,
À l'âge où mes déplacements se font plus rares,
Que mes voyages les plus extraordinaires
Ont finalement été mes voyages immobiles.

Lorsque je pars en voyage, j'emporte toujours dans mes bagages stylo et appareil photo. Tous deux me sont indispensables, car la mine et l'objectif sont de très proches cousins. L'un et l'autre s'adressent au plaisir de la mémoire, l'un et l'autre gravent des images en notre esprit, l'un et l'autre font appel à des souvenirs souvent lointains. La chanson, comme la photo que l'on développe, nous renvoie à un moment passé de notre existence. En observant une photo, nous recouvrons soudain l'endroit où elle fut prise, le cadre de vie dans lequel sont figés les personnages, mais aussi le moment précis où nous avons appuyé sur le déclencheur, cet instant furtif et inoubliable. Nous reconnaissons les lieux de notre passé, souvent enfuis de notre mémoire, les visages disparus, tombés dans l'oubli depuis longtemps... Alors, la nostalgie vient en nous comme un foyer de chaleur et nous transporte vers un autrefois qui, à ce moment précis, n'appartient qu'à nous seul.

Il m'a toujours semblé, en écrivant, que je photographiais ma vie, mes sentiments, le monde qui m'entourait... La chanson, au fond, n'est-elle pas une forme d'image, l'instantané mis en mots de ces idées qui vont et viennent à travers nous et que la plume de l'auteur parvient soudain à fixer ? Et puis, comme une vieille photo jaunie par les années, la chanson nous rappelle les instants perdus que l'on croyait oubliés. Comme la vieille photo jaunie, elle chante à notre souvenir, joue sur nos cordes les plus sensibles, nous émeut, et crée en nous des sentiments particuliers. Et la chanson a encore ce merveilleux avantage qu'elle traverse les murs par la magie de la radio et du disque.

Poète d'occasion ou photographe amateur, nul besoin de complexes ! Le bonheur n'est pas une affaire de professionnels. Alors n'ayez crainte de fredonner ce que l'on chantait à l'époque de votre premier amour ou de ressortir de leurs boîtes les images de vos vingt ans. Quelques photographies dans un cahier ou bien quelques notes font ressurgir un passé vivant, et instruisent votre descendance. Pourquoi se priver, comme chantait Félix Leclerc, de ces « petits bonheurs » qui ne coûtent pas cher et ne doivent rien à personne ?

> Dire que j'ai commencé
> Par apprendre à faire des bâtons,
> Et que ce sont eux qui m'ont permis
> De faire mon entrée en écriture...

ÉCRIRE A TOUJOURS ÉTÉ pour moi un besoin physique. Je suis très attiré par ma table de travail et ne peux concevoir une journée sans tenir entre les doigts un porte-plume ou un stylo. J'écris à la main, proprement, si possible sans rature. Oh, mon écriture n'est pas bien belle... Elle est sans style, désordonnée. Mais si je fais une faute, je mets un point d'honneur à tout recopier sur une page neuve. Je ne peux pas penser un texte à l'ordinateur – je suis vieux jeu, peut-être – car la main, pour moi, est le prolongement de la pensée. Et elle aime tenir une plume, une vraie, avec de l'encre, le sang de l'écriture. Elle aime voir se former les phrases, se dessiner les idées, la page blanche se salir en beauté... Écrire est le meilleur des passe-temps que je connaisse : un quatrain, une page d'agenda, un mot ou une lettre à un proche, voilà qui me ravit avant même que d'imaginer les textes de mes chansons. Tourner des phrases pour faire plaisir, faire rire, se plaindre ou même gronder, qu'importe ! Les paroles s'envolent, mais les écrits, eux… Qui ne connaît la suite de cet adage ? Et avoir la chance – c'est rare – de retrouver entre les pages d'un livre une lettre jaunie par les années passées sur l'étagère, une lettre qui fait ressurgir des souvenirs enfouis au plus profond de la mémoire, quel bonheur ! Quelle merveille que ce petit pincement au cœur, que cette petite humidité au coin de l'œil ! Écrire n'est rien de plus que ce bonheur gratuit que l'on offre ou que l'on s'offre. Pourquoi s'en priver ? Pour ma part, j'ai veillé ma vie entière à ne jamais me l'interdire et à puiser, partout où je le pouvais, de quoi nourrir ma plume.

> Quand au passage d'une frontière
> Le douanier me demande
> Si je n'ai rien à déclarer,
> En répondant « rien »,
> Sachant qu'une idée de chanson
> Me trotte dans la tête,
> J'ai la délicieuse sensation
> De passer quelque chose
> En contrebande.

On m'a souvent demandé si mes textes étaient autobiographiques. Je répondais en toute sincérité que non. Les années passant, je m'aperçois pourtant qu'ils le sont devenus. Si je n'ai jamais écrit ce que j'ai vécu, les choses que j'ai écrites ont, elles, fini par m'arriver, comme si ma plume avait rêvé mon propre futur. De plus en plus, mes chansons me ressemblent, elles m'habillent, racontent ma vie... Mais elles racontent aussi la vôtre, lecteurs. Pourquoi le nier ? Je vous ai de tout temps atrocement pillés, sans honte ni sans remords : vos amours, vos joies, vos tristesses, vos problèmes, vos déceptions comme vos espoirs. Tout y est passé. Croyez-moi si vous le voulez, j'étais un pirate bien avant l'arrivée d'Internet ! Eh oui, il y a un peu de chacun de vous dans mes œuvrettes.

Cela dit, juste et navrant retour des choses, mes disques et mes chansons sont aujourd'hui la cible des pirates d'Internet, que je voudrais mettre en garde. Dès l'instant qu'ils volent – car c'est le mot – le patrimoine d'un jeune auteur, compositeur ou écrivain, ne leur vient-il jamais à l'idée qu'ils lui arrachent ce qui le fait vivre ? Ils semblent ne pas comprendre que l'œuvre de l'artiste est son gagne-pain. Si demain, ne pouvant décidément plus vivre de son travail, l'artiste prenait le parti de se consacrer à autre chose, tous autant que nous sommes, nous serions privés du plaisir de nombreuses découvertes. Le piratage ne peut que tarir les imaginations et, pire, enterrer définitivement toute velléité de création. A-t-on seulement imaginé ce que serait un monde sans création ? Voyez-vous, si l'on volait les marchandises du boulanger, du boucher ou du fruitier, ceux-là finiraient par fermer boutique et nous mourrions de faim. Il en est de même pour l'art : respectons notre appétit de découvrir... À ce propos me vient une anecdote. En mai 1968, dans la tourmente, lorsque les jeunes scandaient dans la rue des slogans sur de prétendus lendemains qui chantent, nous vivions, paraît-il, une mini-Révolution française. Des états généraux s'étaient donc formés, où se réunissaient certaines figures de la chanson, dont un chanteur célèbre qui haranguait la foule et l'incitait à mettre le feu à la Société des auteurs et des compositeurs de musique, la SACEM – société dont la vocation est de percevoir des droits partout dans le monde pour les distribuer à ses membres.

À l'époque donc, je me trouvais en voyage au Mexique. Lors de mon retour en France, je découvris que les états généraux se tenaient dans des théâtres pris d'assaut par le peuple. Chacun leur tour, les contestataires monopolisaient la scène pour exposer fiévreusement leur point de vue. Un de ces soirs, je reçus un coup de téléphone du chanteur en question : « Ah, enfin te voilà de retour ! On a besoin de gens comme toi, tu sais. Es-tu au courant de ce qui se passe en France ? — Bien sûr, le monde entier est au courant. — Hier, nous avons pris des décisions importantes. Je te soumets la dernière et je serais heureux que tu t'y associes. » J'écoutai. « Nous avons décidé que tous les artistes travailleraient pour un prix unique. Nous percevrons tous le même salaire. Qu'en penses-tu ? — Formidable. — J'étais sûr que tu serais d'accord. » J'enchaînai cependant avec une question : « Oui, mais ce salaire, ce sera le tien ou le mien ? » Il y eut d'abord un silence, puis mon interlocuteur se vexa : « Avec toi, on ne peut jamais parler sérieusement. » Cet échange mit fin à notre conversation.

        Seuls les oiseaux
        Chantent gratuitement.

C'est l'avantage des écrivains sur nombre d'autres artistes : l'écriture a cette qualité fabuleuse qu'on ne peut la confisquer totalement à son auteur. Prenons l'exemple du peintre. Pour survivre, il doit nécessairement se séparer du fruit de son travail. Et si par hasard il veut contempler à nouveau son œuvre, il lui faut courir les musées du monde entier ou bien frapper à la porte des collectionneurs privés. Il est, en somme, comme un père de famille condamné à ne plus revoir ses enfants, ou seulement par intermittence. Le sort de l'auteur est bien différent : son travail, il peut le conserver chez lui, dans des cahiers ou dans des ordinateurs. Lors de ses concerts, il le partage un moment avec le public mais, le rideau tombé, égoïstement, il le récupère. Ainsi, il reste éternellement un père comblé : il a beau offrir son œuvre aux autres, les pirates ont beau la lui arracher, elle ne le quitte jamais vraiment.

Il y a certes l'œuvre faite, mais aussi l'œuvre à faire. Et elle est immense ! Souvent, je compulse mes nombreuses notes, et j'y trouve des centaines et des centaines d'idées, jetées en vrac sur des masses de feuilles, le tout restant encore à exploiter. Dans ces moments-là, le découragement me prend et je me dis que je n'y arriverai jamais... C'est que chaque jour, des idées, il m'en vient des nouvelles ! Ah, on ne m'a jamais rien donné, pas même mon âge, et sous ma maigre chevelure poivre et sel qui, si elle ne prospère plus depuis longtemps, ne se résout pas à franchement blanchir malgré mes quatre-vingt-cinq printemps, mon esprit créatif continue de bouillonner !

J'en viens à penser qu'à l'heure de mon départ, je n'aurai pas terminé la tâche qui était la mienne. Il est évident que personne n'attend rien de moi, sinon moi et moi seul. Et encore, si je n'écris plus pour personne, au fond je ne suis même pas certain de le faire pour moi. Ce sont plutôt une vieille habitude et un besoin tenaces qui me poussent chaque jour vers ma table de travail. Alors je travaille pour travailler, non plus pour produire obligatoirement. Je suis un être discipliné qui, tous les matins, tel un militaire, répond à l'appel et enfile son uniforme pour se présenter devant son supérieur. Aucun supérieur qui m'y oblige, mais je réponds pourtant à mon devoir d'écriture comme si ma vie en dépendait. D'où me vient ce besoin étrange et impératif ? Encore plus étrange quand on sait que je n'étais pas destiné à devenir un esclave de la plume et que j'y suis venu par nécessité, à une époque où nos amis auteurs refusaient d'écrire des textes pour le duo que je formais avec Pierre Roche. Comme quoi, une aventure tentée par hasard nous poursuit parfois tout le long d'une vie...

> Je n'aurai écrit
> Que des lettres d'amour, d'espoir,
> De désespoir aussi parfois,
> Avec des mots, des notes,
> Pour pouvoir honorer les miennes.
> Et puis, les notes réglées,
> J'aurai continué à écrire,
> Par habitude,
> Par amour, par espoir,
> Par désespoir aussi parfois.

Et encore, peut-être cette aventure n'était-elle pas si hasardeuse... Il m'est souvent arrivé de penser que mon amour pour l'écriture avait à voir avec mes origines et le drame des Arméniens. Car au fond, comment un peuple qui a subi un génocide peut-il survivre ? Comment un rescapé peut-il continuer à vivre s'il ne veut pas avoir recours à la haine ? Par la création, qui nous fait renaître.

À VOIX BASSE

Création
Procréation
Enfantement
Naissance
Existence
Vie
Survie.

Il y a des choses dont on ne guérit jamais.
À mon âge et après tant d'années,
Après leur disparition,
J'ai mal à mes parents,
J'ai mal à notre passé.

JE SUIS LE PETIT-FILS d'une famille victime d'un génocide et, sans être passéiste, je vis à l'ombre de mon temps passé. J'ai beau n'avoir subi aucun supplice, j'ai toujours mal dans ma chair et dans mon cœur quand me viennent à l'esprit, à des moments où je ne m'y attends pas, des images abominables. Je suis né à Paris et me considère parfaitement français, mais je n'en suis pas moins un déraciné de la Turquie. Lorsque j'étais enfant, ma mère émaillait ses souvenirs de mots turcs. J'aurais pu, je crois, si la situation avait été différente, me sentir un peu turc également. Car mes origines sont multiples : français d'ascendance arménienne, teinté de Géorgie par mon père ; turc par ma mère. C'est pourquoi, en tant que citoyen intégré et assimilé, je me sens à l'aise dans quelque pays que ce soit, mais heureux, vraiment heureux, uniquement dans le pays où j'ai été élevé, et où j'ai fait ma vie.

Chez nous, la vie s'écoulait comme si nous étions nés en bloc tous les quatre, en émigration à Paris, et que notre existence terrestre s'était faite par miracle. Aïda et moi n'avons jamais su comment nos parents s'étaient rencontrés, ni même quand ils s'étaient mariés. Nous n'avons d'ailleurs pas eu la curiosité de le leur demander, et eux n'ont pas senti non plus le besoin de nous l'apprendre. Nous savions qu'ils avaient fui la Turquie sur un bateau italien, qu'ils avaient débarqué à Salonique, qu'ils y avaient vécu et que ma sœur y avait vu le jour, mais rien de plus. Comment étaient-ils entrés en France ? Avec quels bagages étaient-ils venus ? Comment avaient-ils rejoint Paris ? Le mystère régnait. Ces moments-là ne comptaient pas. Je pense que dans leur esprit, et dans le nôtre, ils appartenaient à une vie antérieure. Il y a donc bien des vacances dans l'histoire de notre famille.

> Je ne suis pas un passéiste.
> Si j'écris sur le passé,
> Le temps qui passe
> Et que l'on ne peut retenir,
> La jeunesse qui nous lâche,
> La vieillesse qui nous guette

Et finit par nous rattraper,
C'est uniquement parce que le présent
N'a pas de racines
Et que le passé
Est un merveilleux réservoir d'idées.

MAMIGON MISHA AZNAVOURIAN ou Aznaourian, Arménien né à Akhaltzir en Géorgie le 27 mai 1895, mon père, était un homme léger mais responsable, qui nous a marqués, ma sœur et moi, par sa fantaisie, sa joie de vivre et sa confiance en l'avenir. Il avait un caractère facile, attirant l'amitié, toujours prêt à faire la fête, à partager, à chanter, aimant le vin, la bonne chère et les amis, sans pour autant sacrifier sa famille. Nous entretenions tous les deux une relation particulière : nous n'avons jamais eu, mon père et moi, le moindre dialogue de père à fils, jamais il ne m'a fait de recommandations ni ne m'a prodigué de conseils, jamais il ne s'est penché sur mes études – il en aurait été bien incapable –, jamais enfin il ne m'a demandé quels étaient mes désirs ou mon but dans la vie. Non, on ne se parlait pas de père à fils, mais l'on se percevait de cœur à cœur, on se comprenait de tendresse. Mon père était un homme insouciant, il faisait confiance au destin. Ainsi dans la famille, nous tirions souvent le diable par la queue, mais les pires situations – quand par exemple nos biens étaient engagés au mont-de-piété et que l'on ne voyait pas d'issue à notre misère – étaient toujours soulignées d'un : « Ah Dieu, il va nous arranger ça ! » Et il l'arrangeait, le bonhomme...

Papa chantait, c'était son métier. Mais il chantait de naissance. Les musiciens n'avaient pas besoin de lui demander sur quel ton car il les maîtrisait absolument tous, avec une belle voix de baryton. Il faisait pleurer les dames de l'assistance avec sa spécialité : les chansons du poète troubadour Sayat Nova. Je me rappelle qu'il chantait souvent les yeux fermés, c'est d'ailleurs une chose que je tiens de lui. S'il avait possédé la langue à son arrivée en France, je suis persuadé qu'il aurait pu faire une jolie carrière dans un style mi-crooner, mi-réaliste. Il fredonnait aussi en dehors des moments où il se produisait. En toutes circonstances, qu'il fût gai ou triste, un air ou des paroles s'échappaient de son cœur et ma mère lui disait : « Qu'as-tu encore à chanter comme un triste troubadour ? » Lui répondait d'un simple geste de la main, comme pour signifier : « C'est ainsi, que veux-tu ? » et il reprenait sa mélodie. Peut-être cela lui permettait-il de se délivrer de ses angoisses. J'aimais tant sa manière de chanter, pleine d'émotion, de tendresse et d'amour. C'était pour lui le moyen le plus naturel de s'exprimer. Je crois d'ailleurs ne jamais l'avoir entendu se plaindre ou crier. Jamais il ne nous a réprimandés, ma sœur et moi. Jamais il ne nous a envoyés au lit sous prétexte que nous allions en classe le lendemain. Il nous laissait la bride sur le cou et, lorsque ma mère et lui recevaient, nous restions avec les amis de la famille jusqu'au moment où, tombant de sommeil, nous allions nous coucher de nous-mêmes. Dans la communauté arménienne, on entendait fréquemment murmurer à notre sujet : « Ces pauvres enfants, ils vont mal tourner. » Nous passions pour une famille un peu fofolle, mais mon père ne s'en souciait guère.

Mon père a été mon père jusqu'à ma majorité, date à laquelle je devins peu à peu le sien. Il a accepté cette situation, qui s'est imposée d'elle-même lorsque, par la force des choses et des difficultés de l'époque, je suis devenu celui qui rapportait l'argent à la maison. Je trouve d'ailleurs tout à fait naturel, après les soucis qu'il a connus pour nous élever, après qu'il a renoncé à ses penchants bohèmes, après qu'il a sacrifié sa véritable profession pour accepter n'importe quel emploi et subvenir aux besoins de ses enfants, que les rôles se soient inversés, et qu'à leur tour, les enfants rendent la part qui leur a été donnée avec plus d'amour que de sens du devoir.

S'IL ÉTAIT EN TOUTE CHOSE un autodidacte, ma mère, née Knar Bagdassarian, était une femme fine et cultivée. Elle avait aussi son petit grain de folie et aimait beaucoup rire, comme une enfant, mais se montrait tout de même plus sérieuse, moins fantaisiste. Elle a été une personne admirable. « Toutes les mères le sont », me rétorquerez-vous, et vous aurez raison. Mais ce qui me touche particulièrement chez ma mère, silencieuse, aimable, aimante, c'est qu'elle a connu le malheur et la douleur très jeune. Toute sa famille – son père, sa mère, sa sœur et ses deux frères – fut emportée dans la grande tourmente qui continue, encore aujourd'hui, de hanter les familles arméniennes. Et elle est devenue orpheline, seule rescapée avec sa grand-mère de la grande chasse aux Arméniens... De cette tragédie elle ne s'est jamais remise et elle aura pleuré les siens sa vie entière.

Sa vie s'est donc partagée entre les larmes et les rires. Elle s'est parfaitement accommodée, je crois, de ce mari insouciant et charmeur, et s'est habituée à ses petits travers. Elle l'accueillait avec le sourire lorsqu'il rentrait à la maison accompagné de sa meute d'amis – qui sont devenus les siens –, à n'importe quelle heure du jour ou de la nuit. Elle ne se plaignait pas lorsqu'il invitait les voisins, histoire de se faire pardonner par avance du bruit que nous allions faire en chantant et en jouant de la musique. Pour elle, c'était bien ainsi. Tandis que ma mère mettait la table, le bruit nous réveillait. Qu'à cela ne tienne ! Nous venions nous joindre à la joyeuse assemblée.

Je me souviendrai toujours de l'ardeur qu'elle mettait, certaines nuits, à terminer son ouvrage de couturière pour une commande du lendemain. Rrrrrrrrrrrrrrrrrrrrrrrrrrrrrrrrrrrrrr. C'était le bruit de la vieille Singer, associée personnelle de la misère familiale, une marque que mon oreille reconnaît entre toutes les autres. Mon ouïe fait encore la différence entre le bruit de la machine électrique et celui que produit le pied d'une maman, quand elle pousse de la pointe de la chaussure, en alternance avec le talon, la large pédale ajourée de la machine à coudre. Je revois encore le visage attentif, faiblement éclairé, de ma mère, penchée sur son travail. Des deux mains, alors qu'autour d'elle régnait l'obscurité, elle faisait glisser les tissus à la lueur de l'antique lampe à pétrole. Le visage se dessinait, sérieux, tendu, car le fruit de la tâche accomplie était indispensable à la becquée du nid. Elle se devait donc, cette tâche, d'être parfaitement exécutée. Moi, depuis mon petit lit-cage, j'observais la chambre et surtout la table, près de la machine : table de salle à manger, table de coupe, de repassage, table à langer les bébés, c'était selon. À cette heure tardive, assiettes, couverts et verres se trouvaient près de l'évier, dans le minuscule coin cuisine. Ici et là, je pouvais repérer le dé à coudre, la pelote d'épingles, le centimètre, le vieux fer à repasser, les ciseaux, la jeannette, et une partie du travail déjà prête à être livrée. Et puis, surtout, mon regard se promenait régulièrement sur le mannequin, ce drôle de tronc, hermaphrodite et sans yeux, qui semblait pourtant fixer ma mère. Rrrrrrrrrrrrrrrrrrrrrrrrrrrrrrrrrrrrrrrrr. Tout doucement, je m'endormais, battant la mesure du bout du pied (ce que je continue de faire chaque nuit), et je rêvais de trains, d'avions et de bêtes sauvages grognant et gémissant dans la nuit des travailleuses.

ET PUIS IL Y AVAIT MA SŒUR ET MOI. Nous avons été élevés comme des jumeaux. Aujourd'hui, à quatre-vingt-cinq ans révolus, nous le sommes toujours. Nous avons les mêmes points de vue et les mêmes réactions face à certains événements. Nous faisons les mêmes rêves et connaissons les mêmes petites douleurs de l'âge, les mêmes insomnies aussi. Nous aimons les mêmes films, les mêmes acteurs et chanteurs, et apprécions les mêmes œuvres musicales. Nous avons les mêmes goûts, les mêmes grincements de dents, la même définition de la vie, de l'amour familial et de l'amitié. Enfin, nous sommes tous deux nantis d'un accent parisien à couper au couteau, très franchouillard, mais nous ne renions jamais notre arménité. Au fond, Aïda est ma petite sœur, et moi, je suis son petit frère.

Elle a toujours été la meilleure musicienne de la famille. L'oreille est juste, le verdict parfait. Pourtant elle n'a pas hésité à étouffer son talent pour se mettre au service de son mari, le compositeur Georges Garvarentz, et au mien. Elle est notre talent de l'ombre, une ombre protectrice extraordinaire, au caractère bien trempé, toujours en mouvement, toujours prête à rendre service, jamais lassée, toujours en pleine forme. Aujourd'hui, Aïda a mis ses talents au service de ma fille Seda, dont le plaisir est de chanter en arménien, reprenant une partie du répertoire de son grand-père Misha qui chantait autrefois les poèmes de Sayat Nova. Aïda lui compose également des musiques pour d'autres poèmes du patrimoine arménien. Ainsi, Aïda a beau ne pas aimer la fête, si par hasard elle se retrouve dans l'ambiance, elle est la dernière à en sortir. En cela, c'est elle de nous deux qui ressemble le plus à notre père. Enjouée et ouverte, elle a remplacé avantageusement le frère que je n'ai pas eu et qui ne m'a pour autant jamais manqué.

Nous vivions en famille, tous les quatre côte à côte, sans chercher à savoir dans quelle direction allaient nos existences. Mes parents avaient le sens de la survie et de la liberté, dont ils nous ont inculqué le goût sans jamais nous en parler. Nous les avons apprises en vivant avec eux. Il en fut de même pour l'honnêteté, le devoir, la bonté. À l'inverse, ils ne nous ont pas enseigné la prière. La morale arménienne est une chose qui ne s'apprend pas, elle vous tombe dessus. C'est donc sans nous en rendre compte que nous respections les dix commandements. L'amour, nous n'en parlions pas non plus chez nous : c'est une bienveillance que nous avons reçue à la naissance. Mes parents nous embrassaient souvent, à une époque où les pères notamment embrassaient peu leurs enfants. Nous avions droit à beaucoup de tendresse et d'attention. Je n'ai donc pas attendu qu'ils s'en soient allés pour savoir qu'ils nous ont aimés, comme nous-mêmes les avons aimés et continuons de le faire. Ils nous manquent tant depuis qu'ils ne sont plus ! Il n'est jamais trop tard pour se sentir orphelin et certaines blessures ne se referment jamais. Celle-ci ne disparaîtra qu'avec nous, je pense.

Lorsque j'étais enfant, la famille Aznavourian n'était composée que de quatre êtres vivants – pour ne pas dire survivants. Aujourd'hui, entre les enfants, leurs conjoints et les petits-enfants, le destin de notre clan fait un joli pied de nez au malheur. Je me réjouis que mes parents, Aïda et moi ayons réussi, à force d'amour et de détermination, à faire grandir, fleurir et se perpétuer la branche sacrifiée de notre nom. On peut mettre toute son ardeur à éliminer un peuple de la surface du globe, on ne réussit jamais tout à fait à en éteindre la flamme : il se redressera, renaîtra ailleurs, plus fort et plus déterminé à faire valoir ses droits.

D'OÙ À OÙ ? D'OÙ À OÙ ? Ces quelques mots, si étranges lorsqu'on les extrait de leur contexte, je les ai entendus bien des fois dans ma jeunesse. Et chaque fois, ils étaient prononcés par des Arméniens émigrés au lendemain du génocide. Combien d'Arméniens issus de la diaspora ai-je entendus dire : « Pensez où nous étions et voyez où nous sommes ! » Tous étaient des survivants, tous s'étaient reconstruit une vie ailleurs avec plus ou moins de bonheur, mais avec un égal effort, une égale ténacité et un incroyable goût du travail. Mes parents étaient de ces gens-là.

Je me souviens de certaines célébrités arméniennes parmi celles qui fréquentèrent le restaurant de mon grand-père, puis celui de mon père, au 3 de la rue Champollion. Je revois encore Acho Chakhatuni, acteur du théâtre de Tiflis, en Géorgie. Sa réputation dans le muet français de l'époque n'était plus à faire. Vedette du film *L'Homme à l'Hispano*, il avait interprété Ogareff dans *Tarass Boulba*, tiré du roman de Gogol. À l'avènement du parlant, loin de se laisser abattre, il devint l'un des plus grands maquilleurs du cinéma. C'est lui qui a eu l'idée de se servir d'une vessie de lapin pour reproduire le double menton de la reine Victoria d'Angleterre (le résultat, paraît-il, était saisissant). Je revois aussi les Pitoëff, et d'autres encore qui n'étaient pas arméniens, comme Yvan Mosjoukine, autre coqueluche des écrans muets et, bien sûr, Joseph Kessel.

Est-ce bien mystérieux si beaucoup, dans notre communauté d'immigrants, ont eu une carrière artistique ? L'étranger qui découvre un pays n'y observe-t-il pas plus de choses que celui qui y a toujours vécu ? De son œil non exercé, il y repère ce qui nous échappe. Voyez, où que vous alliez, combien de peintres, d'écrivains, de musiciens ont enrichi la culture et le patrimoine d'un pays qui n'était pas le leur à l'origine – ce qu'ils n'auraient peut-être pas fait dans leur pays d'origine. Les plus belles vues de Paris ont été filmées par des cinéastes américains, les plus belles comédies musicales américaines écrites par des émigrants d'Europe de l'Est et ainsi de suite... Un pays ne peut que gagner à accueillir et accepter ces différences et à en exploiter la richesse, c'est pourquoi j'aime profondément la diversité. Alors, à cette jeunesse qui ne se sent pas toujours reconnue ou estimée, j'aimerais dire qu'elle aurait tort de ne pas aimer ce pays qui est le sien, et dont elle peut à loisir enrichir la culture. Parmi ces jeunes dont je parle, je constate d'ailleurs de magnifiques réussites : du côté des sports, des arts et – il y a un début à tout – en politique. Quand on est fils d'émigrés ou encore d'apatrides, il n'existe jamais qu'une seule issue : replanter les racines que l'on a sauvées de la terre perdue, et faire une autre souche dans la terre où nous avons échoué. Fleurir dans une terre nouvelle sans pour autant renier sa culture et son passé, n'est-ce pas cela l'intégration ?

Dans mon clan, l'ouverture d'esprit est le maître mot. Il suffit de nous regarder, Ulla et moi : lorsque nous nous sommes rencontrés, personne ne nous donnait plus de six mois de vie commune : elle, scandinave et protestante, plus Greta Garbo que Gaby Morlay, échappée tout droit d'un film d'Ingmar Bergman ; moi, plutôt revu par Sergueï Paradjanov[29]. Bonjour les pronostics ! Aux yeux de notre entourage, nous n'étions décidément pas faits pour être ensemble. Il faut dire qu'Ulla est une femme discrète chez qui, comme on le dit si bien au Japon, « le clou ne doit pas dépasser du mur ». Je suis exactement son contraire. Eh bien, nos différences ont tout de même donné trois enfants et, en prime, quarante-six ans de vie harmonieuse et sans éclats. Dans le monde du show-business, où les tournées sont les plus beaux moyens de fuir la réalité du quotidien, et aussi de rompre, où les amours ne sont souvent qu'allées et venues, Ulla et moi mériterions le *Guinness des records*. Et ce n'est pas fini !

Sans bruit,
On peut faire taire
Les soi-disant
« Je vous le dis »...

Il faut dire qu'un couple a beaucoup à gagner à faire chambre à part. Il se crée ainsi une intimité en marge du mariage et se ménage un espace de solitude. Chambre à part ne veut pas dire couple disloqué, séparation de corps ou refroidissement de l'amour. Bien au contraire, c'est une forme de respect de l'autre, une sorte de liberté surveillée, protégée, agréable. Le soir, le matin, chacun peut ainsi lire aussi longtemps qu'il en a envie, écouter la radio, regarder une émission à la télévision, bref, vaquer à ses occupations sans gêner l'autre. Faire chambre à part, enfin, c'est une manière de laisser subsister un certain mystère en dépit des nombreuses années de vie commune, et cela donne au couple une sensuelle envie de rester soudé. Chacun retrouve toujours l'autre dans sa meilleure forme, l'homme rasé, la femme en beauté, l'œil en éveil. Oubliés la bouche pâteuse, le cheveu hirsute, et autres remèdes contre l'amour...

LA LIBERTÉ DE CHACUN avant tout, et dans tous les domaines. Dans notre famille, au-delà des mariages et des unions, chacun garde sa propre origine et sa religion (ou son absence de religion). Ce qui nous unit, c'est l'amour, la compréhension et le respect de l'autre, si bien que tout notre petit monde s'entend à merveille. D'ailleurs, qui peut se prétendre aujourd'hui « de souche pure », après tant de migrations, d'invasions, de guerres, d'occupations, de transhumances, de mariages mixtes ? Pure souche ? Tu parles, Charles ! Laissez-moi rigoler...

Ils sont venus
Les poches vides et les mains nues
Pour travailler à tour de bras
Et défricher un sol ingrat.
Ils sont restés
En trimant comme des damnés,
Sans avoir à lever les yeux
Pour se sentir tout près de Dieu.

PENDANT LA SECONDE GUERRE MONDIALE, je n'ai pas été surpris de voir mon père se porter volontaire dans l'armée, en gage de reconnaissance pour le pays qui lui donnait asile. Étrangement, la période de l'Occupation m'apparaît aujourd'hui, à moi qui l'ai vécue, comme profondément romanesque. On se demandera comment j'ose soutenir une chose pareille, mais la jeunesse n'est-elle pas intrinsèquement romanesque ? La guerre a bien entendu engendré des salauds et des traîtres, mais aussi des héros et, avec elle, des rêves d'héroïsme. Il faut dire que la France ne se résumait pas à une clique de collaborateurs et profiteurs : il y avait aussi ceux que j'appelle les « petits héros du dimanche », ces anonymes résolus à marcher debout et à faire tout leur possible pour contrer l'envahisseur. Mes parents en faisaient partie. À son retour du front, mon père s'était en effet mis au service de Missak Manouchian[30], communiste convaincu engagé auprès des résistants, et de sa femme Méliné, secrétaire de la Jeunesse arménienne de France (JAF). Missak était un jeune poète doux et calme et n'avait rien d'un révolutionnaire. Méliné et lui avaient tous deux perdu leur famille durant l'exode vers Deir es-Zor (destination principale d'extermination des Arméniens en 1915) et la JAF formait un point d'attache pour eux ainsi que pour tous les nostalgiques de l'Arménie perdue. Ils avaient uni leur douleur et leur destin à celui de mes parents, dont ils étaient très proches. Le couple venait très souvent chez nous. C'est d'ailleurs Missak qui m'a appris à jouer aux échecs. On sait ce qui arriva au groupe Manouchian (ils furent tous assassinés par les nazis), et l'on connaît le vibrant hommage que lui rendit Louis Aragon dans son poème *L'Affiche rouge*, et plus récemment le très beau film de Robert Guédiguian, *L'Armée du crime*. Pendant la guerre, je perdis donc mon professeur d'échecs, ainsi que mes professeurs bénévoles de mathématiques, le couple Aslanian, fusillé également dans la folie de l'époque.

Avant ce drame, mon père rencontrait par l'intermédiaire de Missak des Russes et des

Arméniens enrôlés de force dans l'armée allemande (c'était ça ou mourir exécuté), et qui avaient déserté. Il les aidait à entrer dans la clandestinité. Au 22 de la rue Navarin, dans le IXe arrondissement de Paris, il accueillit clandestinement trois Juifs, en toute humanité et en toute inconscience. Ce n'est qu'après la mort de mes parents que je me rendis réellement compte qu'ils avaient accompli leur devoir de futurs Français. Ils ne devaient être naturalisés qu'après la guerre, pour faits de résistance.

Chacun a cependant son pays de cœur, et l'on trouve toujours du réconfort à se souvenir d'où l'on vient. Même si elles sont encore plus fortes dans le pays de ma naissance – la France –, j'ai des attaches dans le pays de mes racines.

Ce pays qui n'est pas mon pays
mais néanmoins ma patrie,
Ce pays que je ressens profondément
Mais que je ne comprends pas tout à fait,
Ce pays dont la langue devrait être la mienne
Mais que je ne possède pas à sang pour sang,
Ce pays où je ne suis pas né,
Où mes parents eux-mêmes n'ont pas vu le jour,

Ce pays dont la culture m'est moins familière
Que celle de la France,
Ce pays dont je ne peux ni lire ni écrire le nom
Dans la langue qui est la sienne,
Ce pays qui m'émeut sans que je sache
Trop pourquoi,
Ce pays dont je suis incapable de chanter
L'hymne national,
Dont je ne connais pas les prières,
Ce pays que j'ai rencontré si tard dans mon existence,
C'est l'Arménie.

Hayastan[31]
Je suis un *Hay*
Né en *Franssa*
Et, comme on le disait dans les temps anciens,
Pour un Français,
Un *Pranguatsi*[32].

Je suis devenu français tout naturellement, en naissant un beau jour de l'année 1924 à Paris, Ville lumière et des Lumières. Mon arménité, je ne l'ai jamais niée, je n'en ai jamais été ni fier ni honteux. Français d'origine arménienne et non Arménien de France – la nuance a son importance –, je n'ai cessé de me promener dans le monde avec ma langue française. En Arménie, avec mes amis de la diaspora ou encore avec ma sœur, il n'y a pas d'équivoque, les choses sont claires et nettes : allons enfants de la patrie !

Les langues étrangères, anglais, espagnol, italien, j'ai beau les apprendre et les mémoriser avec plaisir, je n'y mets jamais de passion. La française, c'est autre chose. Elle est viscérale chez moi, et l'amour que je lui porte a probablement nourri mon talent. J'en aime le rythme, la mélodie, les accents, la richesse, la versification... À celui qui veut écrire, elle offre un éventail incroyable de possibilités. C'est pourquoi je cherche sans cesse à la connaître mieux et à parfaire mon vocabulaire, jour après jour, mot après mot. Je ne décolère pas lorsque j'entends d'énormes fautes de français dans la bouche de nos charmants annonceurs de radio et de télévision. Spontanément, je les corrige à haute voix et me retiens de prendre mon téléphone pour dire son fait à l'incongru qui ose égratigner ma langue. Je ne pardonne qu'aux gens du terroir, lorsqu'ils prononcent par exemple « beauté » comme « botté », bien que cela me chagrine tout de même un peu.

DANS LA FAMILLE, nous sommes plutôt polyglottes. Ma fille aînée Seda Patricia est née de mon union avec Micheline Rugel, ma première épouse, une femme de bonne souche française, fille d'un antiquaire de la rue des Rosiers à Saint-Ouen et authentique Berrichonne. Seda est la seule de mes enfants à avoir du sang français dans les veines, mais ayant été élevée par mes parents exactement comme une enfant d'émigrants, elle a d'emblée épousé deux cultures ; ainsi elle parle et chante si parfaitement l'arménien qu'elle est devenue chanteuse ethnique. Depuis qu'elle est partie vivre en Californie, elle est un peu devenue la Sarah de cette chanson que j'écrivis autrefois, en collaboration avec Jacques Plante[33] :

> Dans la boutique du tailleur
> Tes vieux parents, tes frères, tes sœurs
> Retrouveront l'ancien bonheur
> Sarah, Sarah si tu reviens
> Quand attablés les soirs d'hiver
> Lorsqu'un à un Mamie nous sert
> Nous sentons qu'il manque un couvert
> Sarah, Sarah que c'est le tien.

Katia, qui chante parfois avec Seda sans connaître la langue, manie en revanche très bien le suédois de sa mère. Quant à moi, mon français est plus châtié que mon arménien.

L'arménien, je le parle tout juste correctement et suis incapable de le lire ou de l'écrire. Dans ma jeunesse, je n'ai pas cherché à le maîtriser, persuadé qu'il ne me serait d'aucune utilité, ce que je regrette aujourd'hui. Hors de nos frontières, personne ne s'imagine donc en me voyant avoir affaire à autre chose qu'à un Parisien pure laine. À l'étranger, je représente le Français type. La licence de lettres dont j'ai longtemps rêvé a fait place à une inscription à la SACEM et, au bout du chemin, à la grande médaille de la chanson française, décernée par l'Académie française. Fichue intégration, tout de même, non seulement intellectuelle, mais physique ! Et sans avoir eu recours à la chirurgie esthétique – à un nez près, soit !

Je ne me verrais pas m'installer en Arménie. Pour moi, cela reviendrait à émigrer à l'envers. Ma culture est en effet plus française qu'arménienne et tout ce que j'accomplis, écris ou chante est typiquement français. Ma terre véritable je la situe là où l'enfant que j'ai été est né, a commencé à parler et à marcher, a grandi... Nous nous sommes adoptés, la France et moi, et cela nous va très bien. On comprend mieux mon point de vue en France qu'en Arménie – quoi de plus normal ? – mais c'est ainsi que je ressens les choses et n'y puis rien changer. Après tout, d'où que vienne le cep de vigne, le vin porte l'appellation du pays où le raisin fut cueilli.

> La France est le pays de mes bonheurs,
> L'Arménie celui de mes douleurs.
> Paris est la ville de mon enfance
> Erevan celle de mes racines.
> Je suis un homme comblé,
> Deux cultures m'ont appris
> Mille choses et enrichi.
> Mes habitudes sont françaises,
> Mes traditions arméniennes.
> Je suis comme le café au lait,
> Un mélange inséparable.
> J'ai deux amours,
> Mon pays c'est Paris.

J'aurais aimé être né dans un village, un de ces petits villages de France que l'on quitte la peur au ventre, muni de son mince bagage, pour aller tenter sa chance dans la capitale ; un de ces petits villages du Midi, baigné de soleil, où je serais revenu de temps en temps retrouver mes amis d'enfance et les miens ; un village fier d'accueillir l'un de ses fils qui, après bien des chemins et des difficultés, aurait obtenu gloire et fortune loin de ses racines. J'aurais voulu être plus français que les Français. Jamais pourtant je n'ai renié mes origines et je suis profondément touché d'avoir été statufié, de mon vivant, dans la ville de Gumri. Je regrette seulement que mes parents n'aient pas eu le temps de voir la terre arménienne accueillir cette statue[34].

Non, jamais je n'ai cherché à trafiquer mon passé de « pièce rapportée ». Je suis né Charles Aznavourian, et si de mon nom j'ai sacrifié le suffixe *ian*, ça n'était pas pour en ôter la sonorité étrangère, mais pour une raison fort simple. Imaginez-vous une affiche à rallonge sur laquelle on lirait : Shanourh Aznavourian. Quand on sait que le public a eu un certain mal à retenir le nom Aznavour, on comprend facilement le mal supplémentaire qu'il aurait eu à essayer de prononcer cet autre nom-là ! Au temps du duo Roche et Aznavour, mon nom a été écorché plus d'une fois : j'ai eu droit tantôt à Roche et Azvanour, tantôt à Roche et Absadourg, et bien d'autres erreurs encore qui me mettaient les nerfs en boule... La seule qui m'ait toujours amusé me vient de la maman d'Annie Cordy. Pour elle, allez savoir pourquoi, je me suis toujours appelé Asstambourg, et si d'aventure je dois laisser un message sur le répondeur d'Annie, je prends mon plus bel accent belge pour dire qu'Asstambourg a appelé. Comble d'ironie, la première fois que l'on a oublié d'écorcher mon nom, c'est Roche qui est devenu Rice ou Rosse. J'ai même entendu parler d'un certain Roger Aznavour ! Tous les artistes vous diront, et même ceux dont les noms sont très simples, qu'ils ont eu droit à ce genre d'expériences. Aïda, au contraire, a été plutôt gâtée à ses débuts. Sur les affiches la mettant en scène, on pouvait lire : Aïda Aznamour. Vu le nombre de chansons d'amour que j'ai écrites et chantées, j'aurais bien pu reprendre ce pseudonyme. Cela dit, avec Aznavour, je n'ai pas à me plaindre : il n'existe que très peu de rimes en *our*. Mon nom en ajoutera peut-être une au dictionnaire des rimailleurs, qui sait ?

À DÉFAUT DE MON NOM, un petit coin de mon âme demeure arménien, ce dont j'ai pu m'apercevoir lors d'un épisode tragique survenu il y a maintenant plus de vingt ans. Lorsque je me suis trouvé sur les ruines du tremblement de terre qui a dévasté Gumri en 1988[35], je me souviens avoir eu des difficultés à marcher, à parler. Je me sentais mal. Quelque chose en moi ne tournait pas rond : j'avais mal, mal à mon peuple. Je ne l'avais jusque-là jamais ressenti comme tel, j'étais simplement un Arménien « d'origine ». Mais qu'est-ce que ça voulait dire, au fond, « *être* arménien » ? « *Être* français », je le savais : j'avais pour mon bonheur une gentille petite mémoire, alors je connaissais l'histoire, je parlais de Napoléon comme si je l'avais fréquenté ; j'avais cent, deux cents fois sillonné les routes de la France, je pouvais reproduire chaque accent de ses terroirs, je pouvais citer les régions vinicoles et les crus, ayant toujours pris soin, au cours de mes tournées, de choisir les restaurants pour leurs spécialités ; j'en connaissais les auteurs, les compositeurs, les écrivains, les découvertes, les hommes politiques, les sportifs...

Oui, mais l'Arménie... ? Le mont Ararat[36] ? Il ne nous appartenait plus. Noé ? Il était à présent installé de l'autre côté de la frontière. La cuisine de ma mère ? On ne la faisait plus dans ce pays exsangue, les ingrédients en étaient introuvables, même à prix d'or. Après le tremblement de terre, tout était à reconstruire. Les merveilleuses églises du IIIe siècle ? J'aurais aimé les visiter mais les routes étaient en si mauvais état que c'était devenu impossible. Rien. Je ne pouvais me raccrocher à rien pour me familiariser avec l'histoire de ma terre.

Depuis le désastre, la capitale avait droit à deux heures d'électricité par jour et les mères peinaient à s'occuper correctement de leurs enfants. Il leur fallait d'abord trouver le nécessaire pour les faire manger, puis attendre que la lumière se fasse. Lévon Sayan, qui était aussi trésorier de l'association Aznavour pour l'Arménie, m'accompagnait. Il jugea important de régler en priorité la question de l'électricité. Vingt-neuf centrales électriques étaient grippées et inutilisables. Nous décidâmes donc de réunir les sommes nécessaires pour les remettre en état de marche, ce qui fut fait, au grand soulagement des familles. J'en tirai d'ailleurs le surnom de « Charles la Lumière », dont je ne suis pas peu fier. Mais je me sentis surtout, et c'est bien l'essentiel, devenir un peu plus arménien.

À UNE AUTRE OCCASION, je le devins encore aux yeux du monde et des médias. Apprenant, juste après le tremblement de terre, que le comité arménien Karabagh, composé de treize intellectuels, avait été arrêté et transféré dans une prison soviétique pour avoir œuvré pour l'indépendance de l'Arménie, qui faisait partie à l'époque de l'Union soviétique, je décidai de me rendre à Moscou pour en discuter avec le Premier ministre de l'époque. Je pensais que je pourrais, avec mes faibles moyens, me rendre utile à ce pays sans espoir. En aucun cas je n'imaginais accomplir un acte politique : mes motivations étaient fraternelles et humanitaires. Auparavant, je n'avais jamais eu de mal, quel que soit le pays où je me rendais, à obtenir un visa, car mon image n'était en rien celle d'un engagé politique – ma seule politique ayant toujours été de me mettre au service de la chanson et de la culture. Lors de notre entretien, je posai donc au Premier ministre une sorte d'ultimatum : soit il faisait libérer les prisonniers, soit j'ameutais la presse internationale. La presse fait peur, elle fut donc un argument clef. Ah, il fallait me voir, dans la grande salle de réunion du Kremlin, habillé exactement comme sur les ruines de Gumri ! Je n'avais pas, mais pas du tout, l'allure d'un ambassadeur ! Et pourtant, contre toute attente, ma requête fut entendue. Je me sentis alors redevable et promis de revenir à l'occasion au Kremlin, en smoking cette fois-ci... Et j'ai tenu ma promesse, en y donnant par la suite plusieurs concerts.

Quelques jours plus tard, douze des treize intellectuels emprisonnés étaient libérés et rentraient avec bonheur à Erevan. Leurs femmes, leurs enfants et leurs amis se trouvaient réunis sur la grande place de la capitale, et avec eux un demi-million de Yerevantzi, les bras chargés de fleurs et le cœur gonflé de fierté. Preuve que l'on pouvait, à cette époque en tout cas, discuter avec les dirigeants de l'Union soviétique. Eh oui, tout arrive ! Bien sûr, je ne pense pas avoir fait trembler le Premier ministre. Mais réfléchir, qui sait...

Peu de temps après, en novembre 1989, on abattait le mur de la honte à Berlin et Lévon Ter-Petrossian[37] – l'un des membres du comité Karabagh – était élu, en 1991, premier président de la jeune nation arménienne, échappée du joug soviétique, libre enfin.

Vaines les souffrances
Vaines les larmes
Vaines les promesses
De tous les pays qui défendent les droits de l'homme,
Lequel fera le premier pas, le premier geste,
Nous permettant de donner

Une décente sépulture
Aux cendres froides de nos morts
Que le vent du désert n'a peut-être
Pas encore tout à fait dispersées ?

Vers qui se tourner ?
Qui solliciter ?
Par qui se faire entendre ?
La langue de bois est la seule
Qui claque à nos oreilles,
Nous qui avons été bradés,
Vendus,
Pour raisons dites d'État.

Il est vrai que le pétrole a un meilleur parfum que le sang des humains. Il a la vertu de s'évaporer dans le bruit des moteurs toujours plus nombreux. Et puis il ne laisse aucune trace, hormis celle des pneus et de la pollution. L'Arménie disparaîtra-t-elle à jamais lorsque d'autres technologies auront remplacé l'or noir ? Dieu seul peut le dire, même s'Il semble nous avoir abandonnés dans le désert, aux confins d'une Europe qui, aujourd'hui, s'efforce de se façonner une autre image. Le président Jacques Chirac a ouvert une brèche de taille en déchirant en France la loi du silence et de l'oubli[38]. Vous, gouvernants de cette Union européenne qui se targue d'humanisme, le suivrez-vous dans cette démarche ? Effacerez-vous l'injustice et l'indifférence devant le génocide de 1915 qui a entraîné le massacre d'un million et demi d'hommes, de femmes et d'enfants, et l'exil de cinq cent mille apatrides dispersés de par le monde ?

Venez, crevez l'abcès, entrez dans cette sépulture dont peu de gens au pays du Croissant semblent vouloir reconnaître l'existence. Il est tellement plus facile de se réfugier dans l'ignorance... Marchez dans la boue, dans le sang, foulez du pied ces têtes tranchées, écartez sur votre passage ces corps pendus au bord des chemins, passez par-dessus ces femmes violées aux ventres ouverts et ensanglantés comme dans une boucherie. Voyez enfin ces petits enfants aux crânes fracassés...

« Cela n'est pas possible », plaiderez-vous.

Et pourtant si, cela fut possible. Non seulement au Cambodge, au Rwanda ou dans quelques autres pays en guerre ou en révolution, mais aussi en Turquie ottomane, au début du XXe siècle, sous le règne des Jeunes-Turcs. Approchez, venez vous rendre compte pour ne pas devenir à votre tour le complice silencieux des négationnistes et de la manipulation d'État. Les gens de mon origine ne peuvent dormir tranquilles. Nos morts n'ont pas de sépulture. Alors, qu'attendons-nous ? Que voulons-nous ? Peu de chose en vérité : que les hommes et les femmes du Croissant, lorsqu'ils trinquent à l'honneur, quand nous trinquons à la santé et les Juifs à la vie, puisent dans cet honneur pour reconnaître ce *fait* indéniable de notre passé commun.

Le temps n'est-il pas venu de réconcilier nos peuples, de déchirer les faux livres d'histoire, de laver à tout jamais cette tache abominablement écarlate, de se libérer d'un mensonge d'État pour entrer, clair et limpide, dans cette Europe qui aujourd'hui doute et doutera plus encore demain ? Les jeunes générations, celles des après-drames, qui ne sont en rien responsables du passé mais ô combien garantes de l'avenir, ont le droit de savoir et de se délier d'une faute qui n'est pas la leur.

L'espoir est encore la seule force qui nous reste.
L'espoir a le cœur tendre,
L'espoir a la dent dure.
L'espoir a survécu, à présent
Il veut vivre.

Écrire, se raconter, est-ce bien utile ?
N'est-ce pas faire en quelque sorte
Le bilan prématuré d'une existence
Qui ne présente rien de bien extraordinaire ?
Souvent, je me demande ce qui pourra bien
Subsister de moi,
Longtemps après que le futur
Aura pris le dessus sur ce présent,
Qui lui-même deviendra à son tour
Un passé.
Passé désuet,
Comme certains plaisirs démodés...

Je me suis longtemps cru un homme libre. Aujourd'hui, je sais que je ne le suis pas et que je ne l'ai jamais été. La religion, les lois, le devoir envers autrui m'ont tenu prisonnier et pourtant, si j'avais voulu briser ces chaînes invisibles, une certaine morale m'en a empêché.

Je n'ai fait partie d'aucun clan, d'aucune école, d'aucune chapelle ni d'aucun club. J'avais trop peur d'être refoulé. Jamais je n'ai brigué une place dans une assemblée d'auteurs, de compositeurs ou d'artistes. Ce n'était ni ma vocation ni mon souhait. Jamais je n'ai quémandé un rôle ou téléphoné à un réalisateur pour lui proposer mes services. J'étais trop timide pour oser le faire. Ce que l'on ignore souvent de moi, c'est que je suis un homme perpétuellement en colère. Mais mes colères sont comme certains tremblements de terre : elles éclatent dans des contrées inhabitées, là où personne ne peut les sentir.

Je ne me suis jamais haï,
Même si parfois
Je me suis moins aimé.

J'AI TOUJOURS ÉTÉ HUMBLE, du moins à ce qu'il me semble, et ne me suis jamais imposé aux autres, même après avoir réussi dans mon métier. Je n'ai jamais été expert en rien et n'ai jamais rien prétendu : mon travail parle pour moi, ce qui fait ma force. Je n'ai jamais rien attendu de quiconque ni trop parlé de ma petite personne et des succès que j'ai obtenus lors de mes tournées à l'étranger. Je ne me suis jamais débrouillé pour apparaître dans les magazines aux côtés de telle ou telle personnalité d'où qu'elle vienne. Non, j'ai laissé les gens venir à moi. J'ai été sérieux dans mon travail, confiant, et surtout patient, persuadé que ce qui devait arriver arriverait un jour ou l'autre. Je n'ai dit de mal de personne et, surtout, je me suis intéressé à ceux qui faisaient notre métier, et bien sûr à tous les autres.

Au cours de mon existence, j'ai rencontré nombre de personnes avec lesquelles je me suis immédiatement bien entendu, mais presque jamais à cent pour cent. On est rarement tout à fait sur la même longueur d'onde. Il y a toujours, dans un sens ou dans un autre, un petit je ne sais quoi qui fait que ça cloche. C'est ce petit je ne sais quoi qui distingue les rapports que l'on entretient avec autrui. Il faut bien choisir ses mots pour qualifier quelqu'un : il y a les relations, les camarades, les copains, les amis, les presque parents, la famille ; il y a l'entente, la complicité, l'amitié, l'amour, l'osmose. Parfois (c'est rare), on rencontre une personne qui possède toutes ces qualités à elle seule. Lorsque l'on tombe sur celui qui, en plus de tout cela, exerce la même profession que soi, on se découvre un partenaire. Et, n'ayons pas peur des mots, c'est un miracle. J'ai eu la chance d'en vivre quelques-uns de ces miracles. Ils ont pour nom Georges Garvarentz, Pierre Roche, Gilbert Bécaud, Jacques Plante et Paul Mauriat. Vous remarquerez que tous ont apporté leur pierre et leur talent à l'édifice de ma carrière. Ces merveilleux auteurs, compositeurs, arrangeurs et moi, nous nous sommes façonnés ensemble et, ensemble, nous avons grandi en nous offrant mutuellement et sans restriction le meilleur de nous-mêmes. Pour illustration, je ne citerai que quelques titres : *La Bohème, Je t'attends, Non, je n'ai rien oublié, Le Feutre taupé...* Néanmoins, ne parler que des collaborateurs reviendrait à occulter injustement les hommes de l'ombre, les producteurs et les agents : Henri Deutchmester, Raoul Breton, Eddy Barclay, Gérard Davoust et Lévon Sayan. Sans oublier le miracle des miracles, ma sœur Aïda, dont l'oreille fine et les conseils judicieux m'ont permis de ne pas trop me torturer.

J'AI ÉTÉ FIDÈLE À MOI-MÊME, à mon public, et à tous les gens avec lesquels je travaillais. Et si parfois je n'ai pas gardé certains d'entre eux dans mon entourage, c'est uniquement parce qu'il s'est passé quelque chose. Quand une ou deux fois, les prud'hommes m'ont convoqué, j'ai préféré perdre mon procès plutôt que de dire la raison pour laquelle j'avais congédié l'intéressé, et ce afin de ne pas nuire à sa réputation dans la profession. Je ne veux pas insinuer que je suis une bonne âme, mais j'ai une éthique et un sens moral très stricts. Jamais je n'y déroge. Mes principes, au fond, tiennent à quelques mots :

Vivre, survivre,
Prendre de l'âge et non vieillir,
Garder ses facultés claires et à vif,

À VOIX BASSE

Un regard perçant,
Une ouïe fine,
Attentive à tous les bruits,
Rumeurs, harmonies
Et discussions de toute sorte.
Être et non paraître,
Domestiquer ses folies et fantasmes,
Ne rien faire en fonction des autres,
Si possible rester soi-même,
Garder la tête froide devant les flatteurs,
Être, enfin, son propre juge.

Je crois n'avoir jamais rien volé à personne, ni un bien, ni une phrase, ni un mot, ni même une idée. C'est plutôt les miens qu'on a pillés. Si je ne suis pas un saint homme, j'ai toujours de sains comportements. Je n'ai jamais menti, même s'il m'est arrivé d'arranger la réalité à ma façon, surtout devant une page d'écriture. Ni prolo, ni intello, j'ai nagé dans les eaux tièdes de la pure normalité. Je ne me suis pas « haussé du col », comme on disait autrefois dans les milieux populaires, mais n'ai pas cédé non plus à ce travers hypocrite qui m'a parfois frappé chez d'autres : n'avez-vous jamais remarqué que plus une personne est connue, plus elle arbore, dans son bistrot, son immeuble ou son quartier, un masque d'amabilité, de bonté et de don populaire, et le sourire de façade de ceux qui se sentent protégés par un brin de supériorité ? Je sais ce que je vaux, bien sûr, mais je connais aussi mes lacunes et je ne me suis jamais imaginé avoir une intelligence supérieure. Disons que j'ai juste ce qu'il faut. Pas bête, quoi ! J'aime rire, mais pas de tout, je pardonne le commun mais pas le vulgaire, je suis curieux des choses, des gens et des religions, mais ce que j'aime par-dessus tout, c'est apprendre pour m'épater moi-même plus que les autres.

Ma révolution personnelle a toujours été en marche au point de faire pâlir, par le passé, les Soviétiques eux-mêmes. Lors de ma première tournée en URSS, en 1963, je me souviens avoir piqué une joyeuse colère devant l'extraordinaire lenteur des employés de mon hôtel. Je n'oublierai jamais le visage stupéfait de ce fonctionnaire à qui j'avais hurlé : « La révolution, ça ne se fait pas tous les quarante ans, mais toutes les quarante secondes ! »

ET POURTANT, les plus belles révolutions ont une fin. Quitter la scène, me reposer enfin, cette étrange perspective, je m'y suis préparé il y a bien longtemps, par peur d'en avoir peur un jour. Je me suis fait lentement à l'idée que, dans toute chose, il y a un commencement et une fin. Qu'on ne peut être et avoir été, qu'on ne peut monopoliser le succès, qu'il est normal que d'autres prennent notre suite comme nous avons nous-mêmes pris celle de nos prédécesseurs des années plus tôt. C'est la vie, que voulez-vous, elle est changeante, et ce changement, nous devons nous y tenir sans cesse préparés. Et puis, entre nous, l'artiste qui fait ses adieux a tout de même cet immense avantage de pouvoir revenir si son existence d'avant lui manque trop...

Ces dernières années, on a souvent dit que je faisais des adieux à répétition. Oui et non. Les seuls vrais adieux que j'ai faits sont ceux adressés aux langues étrangères. J'ai eu beau me produire en anglais, en italien et en espagnol, il est important pour moi d'achever ma carrière en ne chantant qu'en français, y compris dans ces pays où j'ai fait auparavant l'effort de m'adapter à la langue.

Il croit, en écrivant ses chansons
Dans un anglais que personne ne comprend,
Qu'il peut nous faire oublier
Qu'il n'a aucun talent
Pour écrire en français.

Aujourd'hui, lorsque je me produis à l'étranger, à New York, Moscou, Buenos Aires ou Beyrouth, il m'arrive de penser qu'il serait temps de mettre un terme à tout cela et de ne plus faire que de très rares apparitions, pour des manifestations exceptionnelles. En bref : de quitter la scène avant que d'être poussé à le faire. Je me verrais bien ne donner que quelques concerts par an, dans le village où je vis. Mais lorsque je m'imagine cela, une chaude sensation de nostalgie m'envahit sourdement et d'éternelles questions virevoltent dans ma tête : les triomphes, les petits succès, les bides, les tournées, le public, pourrai-je vraiment m'en passer sans un pincement à l'âme, sans un serrement au cœur ? Pourrai-je assister à un spectacle, regarder les autres pratiquer ce métier qui fut le mien sans une envie brûlante de monter sur scène à leur place ? Ne ressentirai-je pas à nouveau la frustration des débuts, lorsque, en manque de contrats, je voyais, le cœur plein d'amertume, mes camarades se produire dans un lieu public tandis que j'étais condamné à demeurer dans la salle ? Ne revivrai-je pas cette époque où j'en voulais tant et où le monde était, perché sur un arbre trop haut pour ma petite taille, une pomme que je crevais d'envie de mordre à belles canines ?

Pourtant, je ne peux m'empêcher d'imaginer ma dernière soirée en scène. Elle se présente dans mon esprit comme dans la fin d'un film : le héros s'élance sur la passerelle d'un avion en partance pour une nouvelle vie et, avant le mot « fin », un gros plan vient figer son visage souriant et ses yeux brillants de lumière. Alors la salle s'éclaire.

Mon quotidien est bien loin de tout ça : les villes dans lesquelles j'ai vécu et continue de vivre portent les noms de Vuitton, Gucci, Samsonite... Taxi, avion, théâtre, restaurant, taxi, avion, jour après jour, semaine après semaine, boucler sa valise, porter sa valise, ouvrir sa valise, refermer sa valise, faire repasser son complet, laver ses chemises les samedis, dimanches et jours de fête, puis la valise encore... Sans parler des hôtels froids et impersonnels, qui m'horripilent à présent. Lors de mes premières tournées en France ou à l'étranger, je m'instruisais en visitant, en observant, en côtoyant, en écoutant. J'aimais le lèche-vitrines, les promenades à travers les villes et la campagne, pas rasé, en chandail, le nez au vent et les mains dans les poches... Ces joies me sont souvent interdites aujourd'hui, la faute à la notoriété. J'ai gagné ma liberté par mon travail et ce travail m'a littéralement emprisonné. Aussi je plonge mon nez dans des bouquins, je fais mon expérience de l'expérience des autres et je voyage dans un pays sans y voyager vraiment. Seul le tampon de la police des frontières sur mon passeport prouve ma venue. Je me souviens d'une fois à Marseille, où je me produisais au théâtre du Gymnase, j'ai même dû partir enfermé dans un panier à salade, oui, dans un vrai fourgon cellulaire comme un criminel, pour éviter la foule qui m'attendait à la fin du spectacle. La seule différence avec le bandit : ce n'étaient pas des cris de haine qui accompagnèrent le départ de la voiture cellulaire ! Mettre le nez dehors équivaut à une perte de liberté. Je n'ai rien fait de mal, pourtant la police m'escorte et me conduit jusqu'à mon hôtel où je me boucle à double tour dans ma suite froide et reste face à moi-même. Une chambre, un salon, une salle de bains, un ordinateur, voilà tout ce qui y fait mon univers. Heureusement, je ne passe que peu de temps dans ces domiciles d'artiste itinérant.

J'ai beau avoir ce que l'on appelle un domicile fixe, j'en possède encore des dizaines de par le monde, qui sont les théâtres dans lesquels je me produis. Lorsque je me trouve dans l'un d'eux pour une série de représentations, en France comme à l'étranger, j'y emménage, j'en prends possession. Curieusement, j'ai le sentiment qu'il m'appartient et j'aimerais presque, les jours de relâche, que l'on me demande la permission d'y jouer un autre spectacle. Je n'aime pas l'idée d'en laisser la scène à d'autres et ces moments-là me sont presque douloureux. « C'est mon théâtre ! » ai-je envie de protester. Mes affaires y sont installées, il a fallu un petit camion pour y transporter tout ce qui m'est indispensable – ou que je crois tel : mes costumes de scène, un smoking (on ne sait jamais, je pourrais en avoir l'utilité un soir), mes chaussures, mes chemises et enfin tout ce qui m'habille ; sans compter les mouchoirs, accessoires pour *La Bohème*, que je prévois en nombre car chaque fois qu'ils tombent sur la scène, je ne les revois plus ; un clavier, s'il n'y a pas de piano dans la loge ; un poste de télévision, car je n'entre jamais en scène sans avoir regardé les actualités ; une chaîne hi-fi enfin, il y a toujours quelque chose à écouter. Ainsi seulement, je commence à me sentir chez moi, ce qui est essentiel pour un lieu où je passe le plus clair de mon temps. J'entre en effet dans ma loge entre 14 et 15 heures et j'y reçois rendez-vous, presse, amis... Ce lieu devient rapidement polyvalent. Il est à la fois bureau, chambre de musique, chambre de repos et espace de répétition. Dans ma loge, il m'est même arrivé d'écrire des textes ou de composer de la musique. Comme chez moi, je m'y sens heureux.

Bien sûr, un jour ou l'autre, il me faudra décrocher, reléguer mes orchestrations dans un débarras, donner mes costumes de scène aux compagnons d'Emmaüs, et me réfugier à la campagne, loin du monde et de la fureur des applaudissements, et enfin, jouir d'une retraite bien méritée. Foutaise.

Soyons francs, une véritable retraite pourrait bien aussi se révéler assassine. Un grand nombre d'entre nous est persuadé qu'elle marque le début du temps libéré et du bonheur. Laisser tomber les épaules en se disant que l'on a enfin atteint l'âge de ne plus travailler, peut-on faire plus grosse erreur dans sa vie ? Ainsi nous aurions fini de nous battre ? Allons donc ! Nous sommes programmés pour devenir centenaires et il faudrait pourtant, à cinquante ans, comptabiliser les points de notre retraite, tout arrêter, nous offrir un fauteuil bien confortable, nous caler dedans, rester scotchés devant la télévision et laisser bobonne s'affairer autour de nous ? Mon Dieu quel bonheur ! Si l'on ne se choisit pas au plus vite une activité de remplacement, l'on cédera à l'appel du néant et la retraite marquera notre entrée dans un long couloir d'ennui, de désenchantement et de vieillesse. Ainsi lorsque ma femme Ulla, qui partage ma vie depuis quarante-six ans en toute discrétion, me répète que j'ai atteint « l'âge limite » et que je devrais « prendre ma retraite », je m'insurge. Personnellement, je suis d'accord pour prendre de l'âge (quand je dis que je suis d'accord, c'est surtout parce que je ne peux pas faire autrement...), j'espère en prendre encore, mais prendre un coup de vieux, ça non ! Et puis je suis absolument incapable de rester à ne rien faire.

Je sais bien pourtant qu'il existe des retraites réussies et qu'elles sont souvent le contraire même du vieillissement : elles représentent une nouvelle vie, et nous offrent la possibilité de pratiquer toutes ces activités dont nous avons été privés par le passé faute de temps. Elles sont, enfin, des moments privilégiés pour s'instruire, découvrir, visiter. « À quoi bon ? me rétorqueraient certains, vous avez vu notre âge ? — Et alors ? » leur répondrais-je. La curiosité du monde et l'instruction n'ont pas pour but de nous préparer au futur. Elles procurent un bonheur bien présent. Ainsi, pour couper la poire en deux, et faire plaisir à mon épouse, j'ai accepté de me mettre en « semi-retraite » : je ne travaille plus que trente-cinq heures par semaine. Raisonnable, non ?

> J'ai parfois la surprise
> De lire d'horribles phrases
> Que je n'ai jamais prononcées
> Ni même pensées.
> Aussi je m'enfuis
> Vers d'autres pays.
> Ce que l'on appelle
> Ma soif de conquête
> N'est rien d'autre qu'une recherche
> De tranquillité
> Tout en faisant la seule chose que j'aime
> Et sais faire :
> Mon métier.

APRÈS TRENTE-NEUF ANS DE VIE, on entre en quarantaine, isolé dans la seconde partie de son existence, et l'on prend un certain âge comme on attrape des boutons. Aujourd'hui, j'en ai quatre-vingt-cinq. Oui, quatre-vingt-cinq années me sont bien tombées sur le coin de la figure, comme ça, d'un coup, sans même que je m'en rende compte. Je me suis alors regardé dans un miroir et ça m'a semblé curieux : je ne voyais rien. Aussi ai-je compté et recompté, mais pas d'erreur. Que voulez-vous, les Arméniens sont comme les Libanais, les Juifs ou les Auvergnats, ils peuvent se tromper dans beaucoup de choses, mais jamais dans les comptes. Quatre-vingt-cinq ans et tout va bien. Et pourtant ! Boire ? J'ai bu. Fumer ? Putain, j'ai fumé. Les filles ? Ni plus, mais ni moins que les autres. La foire ? Je l'ai faite, oui. Malgré tout cela, je ne me suis jamais caché qu'un jour, je serais moins jeune, donc plus fragile et vulnérable, et que je devrais préserver ma santé à mesure que j'avancerais en âge. Alors bien sûr aujourd'hui, ça craque de temps en temps au niveau des jointures. Allez, ne crânons pas, ça craque même plus que de temps en temps... Mais je n'ai malgré tout pas trop à me plaindre car je suis encore sur pied et, comme le dit la chanson : « La voix est là, le geste est précis et j'ai du ressort. » Jour après jour, mois après mois, année après année, j'ai eu le temps de voir se transformer mes traits, se creuser mes rides, s'affirmer mes convictions : je n'ai jamais laissé retoucher ce que la nature décidait pour moi. Mis à part la transformation de mon appendice nasal et les quelques cheveux qui avaient déserté mon front, pour le reste, je m'en suis tenu à ce que la nature m'avait offert. Allons ! Qui sera assez ignare pour ne pas croire qu'ayant eu autrefois le même âge que vous, je puisse me retrouver quarante années plus tard avec un physique de jeune premier ? Curieusement, qu'une femme passe à la clinique des retouches ne me gêne absolument pas. Mais un homme, franchement... Cela me fait vraiment marrer. Lorsque j'accepte de me faire légèrement (mais vraiment très légèrement) maquiller sur un plateau de télévision, ma phrase habituelle est : « Ne touchez pas à mes rides, j'ai mis quatre-vingt-cinq ans pour les avoir. » C'est vrai que j'y tiens aux marques de mon vécu. J'aime que l'on sache l'âge que j'ai et je suis ravi d'entendre les gens me dire : « Combien ? Vous plaisantez ! On vous en donnerait facilement vingt-cinq de moins. » Là, je me régale ! Et plus encore quand on ajoute : « Ça n'est pas comme Tartempion, avec ce qu'il s'est fait faire, on dirait un canard laqué. »

Il me plaît de chanter des chansons qui s'accordent avec mon âge. Papy ne fait pas de la résistance, il fait de l'insistance. Il le dit et le redit : j'ai quatre-vingt-cinq ans, je ressemble à un homme de cet âge ; ce qui rassure mon public, les enfants et même les petits-enfants de mon public. Ces derniers n'hésitent pas à venir m'embrasser comme ils embrassent les membres les plus anciens de leur famille. Je suis ce que je suis, jusque dans les textes que j'écris pour mon tour de chant et nul ne s'en est jamais plaint ni offusqué. Paraître ce que l'on est est plus facile que de prétendre être quelqu'un d'autre. C'est pourquoi je ne trouve rien de plus amusant que de surprendre l'embarras où tombe une personne tirée de la pointe des pieds jusqu'à la racine de ses cheveux. Pour peu que l'on ignore qu'elle sort des mains du merveilleux praticien qui vient de la rajeunir d'une bonne vingtaine d'années, on lui demande son âge. La quinte de toux alors remplace la réponse.

Pour ma part, je n'ai jamais essayé de faire croire aux jeunes générations que je faisais partie des leurs. Il leur suffit de savoir que je suis très ouvert à leur égard, que je peux les comprendre comme ne pas être d'accord avec certains de leurs comportements (et souvent pas d'accord avec leurs parents). J'espère leur faire sentir, sans avoir à le dire, que la jeunesse de cœur n'a pas d'âge ; que s'il existe des vieux tromblons dans ma génération, il y en a aussi chez les jeunes, qui sont parfois vieux, mais vieux à faire pleurer les pierres. La jeunesse, c'est un certain regard, une manière d'être, un vocabulaire. Et c'est quand on a perdu le regard, la manière d'être et le vocabulaire de l'enfance, que l'on devient de façon irrémédiable ce que l'on appelle communément un vieux con.

ALORS QUE SERA MON FUTUR ? Continuerai-je à chanter ou bien reprendrai-je la plume, comme à mes débuts, pour me mettre au service d'interprètes ? Je n'en sais rien. Une chose est sûre : je ne laisserai à personne le droit d'annoncer mes adieux. Je suis encore, malgré mon mètre soixante-trois, suffisamment grand pour le faire. Ah, il coulera encore beaucoup de vin dans les verres avant que je baisse les bras. Jamais je ne me lasserai de vivre, de construire, d'avancer. Je quitterai ce monde en traînant des pieds pour vivre quelques minutes encore, ces quelques minutes dont le destin ne m'aura pas octroyé le droit, ces quelques instants volés à madame la

Mort... Qu'est-ce donc que quelques minutes, me direz-vous, face à l'éternité ? Pas même une goutte d'eau dans un océan, je le sais. Mais ce petit quelque chose, je crois bien que je l'apprécierai plus que tout au monde. J'en viens à m'imaginer des folies : à l'heure de ce qu'on appelle le dernier sommeil, moi qui ai toujours si bien dormi, je serai prêt à devenir insomniaque ! Je ne m'en plaindrai pas, bien au contraire, je remercierai plusieurs fois par jour le ciel d'avoir exaucé mon vœu. Je n'ai pas peur de mourir, j'ai seulement trop de bonheur à vivre, à voir, à entendre, à sentir, à jouir. Voyez comme je suis raisonnable ! Je ne demande pas, tel Faust, à me refaire une jeunesse. J'aimerais simplement rester tel que je suis, je garderais volontiers ces quelques maux que me cause mon grand âge. Et qu'on ne me dise pas que j'exagère ou que j'en demande trop. Allons ! Rien qu'un tout petit millier d'années de plus, par curiosité, juste pour voir ce que sera notre monde en son troisième millénaire...

Je sais malheureusement qu'il ne peut en être ainsi. Cela n'empêche pas que mon âge m'indiffère. Je ne compte pas en anniversaires, mais en printemps et en étés, ces printemps et ces étés qui me resteront à vivre. Je continue à rêver de faire tout ce que fait un enfant – ski, patin, cheval, tennis. Je n'en ai plus, hélas, la force. La jeunesse perdue, c'est celle du corps, qui nous abandonne en tout premier. Non, je ne compte plus les années qui passent. Je vis les simples jours et heures qu'il me reste à négocier. Dans ma jeunesse, mon regard se fixait sur la ligne d'horizon de mon futur. À quatre-vingts ans et des miettes, mon avenir et mes projets, c'est « à tout à l'heure ».

> Comme hier, comme demain, comme toujours,
> Je cherche à aller de l'avant,
> Poussant, fendant le temps,
> Essayant de passer au travers.
> Mais en fin de compte,
> Mes pas se posent toujours
> Dans leurs anciennes traces.

Et mon passé, ce sont des ombres. Que sont devenues ces rencontres furtives pour certaines, longues et intenses pour d'autres ? Où sont passés tous ces gens dont je n'ai pas toujours su garder grand-chose en mémoire ? Il y a ceux, plus jeunes, plus vieux que moi, dont je revois le visage mais dont je peine à me remémorer le nom ; et puis les autres, qui ne sont, eux, plus que des noms. Je me rappelle un jour avoir croisé George Marrow, un Russe qui connut son heure de gloire avant de tomber dans l'oubli. Ce jour-là, je n'osai pas l'aborder et le laissai continuer son chemin, comme l'ombre qu'il était devenu... Je me demande souvent pourquoi des gens comme lui ne viennent jamais me voir, pourquoi certains ne m'écrivent pas, ou si peu. Je m'en console par des excuses : les lettres ne doivent pas me parvenir, mauvaise adresse, vol d'enveloppe portant un nom connu, que sais-je... Et les ombres continuent de s'enfuir, puis finissent par disparaître.

J'existe par moi-même.
Du moins je le prétends,
Ou fais semblant de le croire,
Car j'existe surtout
Dans le regard des autres.

Si l'on me posait l'embarrassante question : « Qui êtes-vous ? », je saurais aussitôt quoi répondre. Je ne me définirais ni comme une star française, ni comme une vedette internationale, ni même comme un auteur de chansons, un interprète, un acteur... Non, je dirais que je suis un homme qui s'est servi de son métier pour vivre l'aventure de sa vie. En parcourant le monde, j'ai pu rencontrer des personnes de toute classe sociale, race ou religion, me mêler à la foule partout où je suis allé et même apprendre les rudiments de plusieurs langues. Et j'ai vécu ce miracle de ne jamais me sentir un étranger nulle part. J'ai encore aujourd'hui des visions plein la tête de visages, de villes, de villages et de paysages. Les sons du passé me reviennent à la mémoire, je revois les femmes et les hommes étonnants que j'ai pu côtoyer – intellectuels, vedettes, talents inconnus des médias... Toutes ces richesses qui m'ont empli l'esprit et le cœur autrefois courent dans ma mémoire, s'échappent soudain pour me revenir, m'attristent ou me font sourire...

Comme ce fabuleux retour à La Disputada. Après quarante-sept ans d'absence, je devais donner trois spectacles à Santiago du Chili. Une fois là-bas, j'éprouvai soudain l'envie de revoir les lieux de tournage du *Rat d'Amérique*, adapté du roman de Jacques Lanzmann, et dans lequel j'avais pour partenaire Marie Laforêt. Aussi, par un matin de relâche, un pick-up de marque américaine vint nous chercher, mes enfants Katia et Misha, quelques amis et moi-même, pour nous conduire à la mine dans laquelle j'avais travaillé pour le rôle. À l'origine, le lieu s'appelait La Disputada (le litige), mais ayant changé de propriétaire, il avait été rebaptisé De Bronces (cuivres). Nous partîmes donc sur une route goudronnée – qui s'apparentait encore, par le passé, à un chemin cahoteux de muletier. Ce n'est qu'au bout d'une heure que nous attcignîmes, à mille mètres d'altitude, un grand terrain dont les constructions rappelaient étrangement le décor du *Salaire de la peur*. De là, changement de véhicule, et la montée se poursuivit jusqu'à un bâtiment, autrefois rustique, entièrement reconstruit à neuf. Il y avait une cafétéria, de nombreux bureaux et une multitude d'employés. Je ne reconnus rien de mon passé en ces lieux. On nous accueillit avec beaucoup d'enthousiasme et l'on me montra une photo de moi : j'y étais entouré des mineurs de l'époque. Bien sûr, aucun des hommes sur cette photo n'était encore présent. Pourtant, on me réclama une foule de dédicaces et l'on me couvrit de mots chaleureux. Je me mis à poser des questions. Je voulais tout savoir. J'appris que la mine était maintenant entièrement à ciel ouvert, que tout avait été mécanisé et que le travail effectué par les ouvriers, quoique toujours éprouvant, était moins dur qu'auparavant. Après une semaine de labeur, les mineurs rentraient chez eux, en ville ou ailleurs, pour une semaine de repos. Treize cents personnes s'activaient pour extraire et déverser dans des camions hauts comme des maisons de deux étages des centaines de tonnes de cette terre caillouteuse où gisait le cuivre précieux. Le chantier était tout simplement pharaonique. On nous donna les tenues adéquates pour aller sur le lieu des travaux et, là non plus, je ne retrouvai rien de ce que ma mémoire avait conservé : plus de galeries, plus de pioches, plus de pelles ni de chariots. Tout avait été modernisé pour un meilleur rendement et un moindre effort. Nous achevâmes notre visite à la cantine où nous fûmes charmés par la qualité des repas. Je rentrai à l'hôtel avec une curieuse sensation : il me semblait que j'étais, non pas un acteur revenu sur les lieux d'un tournage, mais un pauvre mineur ayant réussi sa vie ailleurs et venu rendre visite à ses anciens compagnons de travail. À l'issue de cette drôle d'expérience, je décidai de me promener régulièrement sur les lieux phares de mon passé, sans idées préconçues ni a priori, mais en espérant seulement vivre chaque fois une journée aussi belle et enrichissante que ce 7 mai 2008.

Pourquoi mettrais-je fin à mes voyages ? À aller et venir sans cesse de par le monde, je n'ai rien attrapé de mal : rides et cheveux blancs ne sont jamais apparus que dans mes moments de sédentarisation. À la question : « Qui êtes-vous ? », je répondrais donc que j'ai vécu et que je continue de vivre.

> Quand j'aurai les deux pieds devant,
> La tête immobile en arrière,
> Que m'accueille le Tout-Puissant
> Ou bien toi le faux frère ;
> Qu'un paradis me soit offert
> Lorsque mes dés seront jetés
> Ou qu'un démon me récupère
> Pour la somme de mes péchés,
> En misant lourd en jouant cher
> Au poker des âmes damnées,
> Que j'aille au ciel ou en enfer
> Je n'ai pas lieu de m'inquiéter,
> J'ai des amis des deux côtés.

SI DIEU EXISTE, j'ose espérer qu'Il me jugera sur mes actes plutôt que sur les prières que je n'ai pas su faire et que je ne connais ni en français ni en arménien. S'Il n'existe pas, alors l'image que les hommes en ont inventée m'aura tout de même aidé à devenir ce que certains croyants inconditionnels eux-mêmes ne sont pas devenus, à savoir un homme moral. Du moins je veux le croire.

Par mes parents, je suis grégorien. Cette religion, pratiquée par la majorité des Arméniens, est la première religion chrétienne d'État : elle a été adoptée comme religion d'État par l'Arménie trois siècles avant que Rome elle-même n'adopte le christianisme. On peut dire que c'est le premier pays catholique au monde. J'ai beau ne pas aller souvent à l'église, je reste fidèle à mon Église. C'est elle qui a rassemblé – et rassemble aujourd'hui encore – mon peuple, tout dispersé qu'il soit dans le monde.

Suis-je véritablement croyant ? Je ne saurais le dire. Je peux éventuellement le dessiner. Dieu. Au feutre, je trace un triangle sur une feuille de papier. À son sommet, j'inscris « Lui ». Au bas du triangle, je place trois noms : « Allah », « Dieu », « Jéhovah ». Pendant que j'y suis, j'en ajoute un quatrième : « Bouddha ». Pour moi, ces quatre noms représentent exactement la même divinité et le même idéal de bonté vers lequel tendre. Peu importe le rite, notre vie et nos actes de tous les jours sont les meilleurs garants de notre morale. La prière n'est pas bonne à tout : l'on peut très bien prier et ignorer les commandements.

> Les religions prétendent,
> La science dément.
> Les croyants et les athées
> Ont une chose en commun :
> Le doute.

Comme l'athée, je doute. C'est pourquoi je déteste les cimetières et leurs pierres tombales ornées d'inscriptions ridicules. « Ici repose en paix... » Tu parles d'un repos ! Tu parles d'une paix ! Quel crétin peut donc se permettre d'affirmer une telle ânerie ? La paix éternelle ? Cause toujours, toi qui prétends l'« imprétendable », attends d'y être toi-même ! Je ne peux supporter ce genre de phrases, moi qui ai accompagné au cimetière tant de personnes aimées, parents, amis, que je n'ai pu remplacer. Chaque être que je perds, c'est un peu de moi qui s'en va, qui se meurt. Chaque appartement, chaque ville que je quitte, c'est un peu de mon passé que j'enterre dans le fond de ma mémoire, chargeant encore et encore le poids de mes souvenirs.

> J'en viens alors à penser
> Que le paradis, c'était hier,
> Que nous vivons le purgatoire au présent,
> Et que l'enfer, c'est pour demain.
> Je me trompe peut-être.
> Que Dieu nous en préserve
> Il le vaut mieux d'ailleurs...
> Qui mourra verra !

Miroir, mon beau miroir,
Tu n'arranges pas les choses.
Quelle que soit la saison,
Les roses sont moins roses,
Et quand tu me reflètes,
Me renvoies mon image,
La vérité me saute au visage
Et provoque mes doutes.

Ces années qui ne sont pas réellement gravées dans mes traits, les ai-je vraiment vécues, à travailler sans lever la tête, à construire mon avenir avec acharnement ? N'ai-je pas sacrifié mon présent ? Le succès, la gloire n'ont pas tant d'importance, et de mon métier, je crois n'avoir plus rien à attendre. Amour et amitié sont mes derniers recours. Curieux tout de même ! Moi qui n'ai jamais été vraiment jeune, aujourd'hui j'ai l'impression de ne pas être vraiment vieux. Mes pas sont plus prudents, je distingue mieux ce que je ne percevais pas vraiment lorsque mon regard était plus perçant, je me pose mille questions auxquelles je ne sais toujours pas répondre...

J'ai vécu jusque-là toutes mes saisons comme des hivers. Eh bien, marche arrière, l'ami ! c'est ton automne à présent que tu vis, l'automne aux cheveux blancs, l'automne des insomnies ; la saison des grands départs, où l'on enterre plus d'amis que l'on ne peut s'en faire, l'automne des regrets et des remords peut-être, celui des souvenirs qui font rire et pleurer ; l'automne de la vie, l'automne de ta vie, mais aussi l'automne ou ton esprit voit enfin plus clair.

Je voudrais tant me créer des printemps, vivre cette saison que je n'ai pour ainsi dire pas connue, trop occupé que j'étais à me bâtir une situation au lieu d'une vie. La guerre, la résistance, la peur, la souffrance des miens, la survivance, j'aimerais tout effacer, pour vivre, voir, entendre chanter les oiseaux et les cigales, profiter des derniers amis qui me restent, jouir de la nature, jouer avec mon chien, réapprendre la jeunesse en devenant grand-père, et continuer à apprendre, toujours, mais apprendre cette fois l'inutile, sans besoin, sans raison, planter un arbre, planter mille arbres...

En rêvant d'être encore là quand ils auront mon âge.

NOTES

Mon père jouait de trois instruments anciens, que j'ai toujours trouvés agréables à l'œil et à l'oreille aussi.

1. LE TÂR (« corde » en persan) – Luth à long manche avec un corps en forme de double cœur.

2. LE KAMENTCHÉ – Vièle à pique.

3. LE DEFF – Grand tambour sans cadre.

4. L'ÉCOLE DU SPECTACLE – Cette école dirigée par Raymond Rognoni – sociétaire de la Comédie-Française – a formé beaucoup d'acteurs de théâtre et de cinéma devenus célèbres, notamment Louise Carletti qui fit une belle carrière au cinéma dont j'étais amoureux lorsque j'avais sept ou huit ans.

5. *ÉMILE ET LES DÉTECTIVES* – À l'origine, il s'agit d'un roman de l'écrivain allemand Erich Kästner. Il relate les aventures d'Émile, un petit provincial qui va pour la première fois à Berlin, en 1930, pour rendre visite à sa grand-mère. Dans le train, il se fait voler son argent. Je jouais le rôle de Siki, un petit Africain. J'étais maquillé en noir... Je me souviens que l'on nous offrait un goûter après chaque représentation, avec du vrai chocolat ! Malheureusement

nous n'en avons donné que trente. Une fois même, nous n'avons eu qu'un seul spectateur. Comme il était sourd, la pièce a été tout bonnement annulée.

6. Constantin Stanislavski (1863-1938) – Comédien, metteur en scène et professeur d'art dramatique russe. Il est l'auteur de *La Formation de l'acteur* et de *La Construction du personnage*. Il est également l'un des fondateurs du Théâtre d'Art de Moscou. Dans les années 1950, l'acteur américain Lee Strasberg a repris la méthode de Stanislavski pour l'enseigner au sein de l'Actors Studio. C'est cette méthode qui a formé tous les grands acteurs américains de Marlon Brando à Robert De Niro, d'Elizabeth Taylor à Nicole Kidman.

7. Sayat Nova (1712-1795) – Nom donné au poète arménien Harutyun Sayatyan, chanteur et maître du kamentché.

8. Reynaldo Hahn (1874-1947) – Chef d'orchestre, musicien de la Belle Époque, ami de Marcel Proust, il composa des mélodies classiques célèbres sur des textes de Paul Verlaine (*La Bonne Chanson*) et la musique de opérette *Ciboulette* (livret de Robert de Flers et Francis de Croisset).

9. Raoul Breton (1896-1959) – Très proche de Damia, la célèbre chanteuse des années 1920-1930, il fonda son édition en 1933 et fit connaître Mireille (ainsi que Jean Nohain), Charles Trenet, Félix Leclerc, le groupe d'André Varel et Charly Bailly, Gilbert Bécaud, Jean-Jacques Debout et beaucoup d'autres... Passionné par les auteurs-interprètes, il

a cru en moi avant tout le monde. Je l'aimais beaucoup. Il était plein de délicatesse, mais il la dissimulait derrière une petite toux brève. Il était bien à la hauteur de son surnom : « le Prince des éditeurs et l'éditeur des Princes ». Un jour il me suggéra d'aller présenter de nouvelles chansons à Damia. Je lui répondis qu'elle avait cessé de chanter, et lui me dit : « Je sais... mais cela lui fera très plaisir quand même... ! »

Damia (1889-1978) était surnommée en son époque « la tragédienne de la chanson ». Jean Cocteau et Robert Desnos l'adoraient et les chanteuses réalistes l'ont d'ailleurs prise pour modèle. *Sombre dimanche* et *La Guinguette a fermé ses volets* ont été d'immenses succès populaires. Damia a commencé au Châtelet quand elle avait quinze ans et elle a longtemps dominé le music-hall. En 1954, elle était encore la vedette de l'Olympia (avec le débutant Jacques Brel en première partie). Elle a également tourné dans une demi-douzaine de films dont le *Napoléon* d'Abel Gance, où elle incarnait une vibrante Marseillaise. Deux de ses interprétations ont été reprises dans *La Maman et la putain* de Jean Eustache et *La Fleur du mal* de Claude Chabrol.

10. Georgius (1891-1970) – Chanteur, comédien, scénariste et écrivain français très apprécié des surréalistes, il connut des records de ventes de disques, à une époque où ce n'était pas courant.

11. Jean Tranchant (1904-1972) – Auteur-compositeur-interprète. De lui, j'aime beaucoup *Les*

Prénoms effacés. Il apportait, l'année de mes douze ans, un ton nouveau dans la ligne des Mireille, Pills et Tabet... Il était accompagné par Stéphane Grappelli et Django Reinhardt, ce qui me ravissait. Nombre de ses œuvres ont été interprétées par Marlène Dietrich, Lucienne Boyer et bien d'autres. On peut découvrir tous ces artistes sur le site du Hall de la Chanson (www.lehall.com). J'avais été marqué par l'une des prestations de Jean Tranchant au cinéma Le Paramount, à une époque où la projection du film s'accompagnait d'intermèdes : il s'était produit sur scène accompagné de sept pianistes et sept pianos !

12. JEAN NOHAIN (1900-1981) – Avocat de formation, auteur de nombreux romans et parolier de Mireille, il était le frère du comédien Claude Dauphin. Alfred Jarry était son parrain. Il devint l'animateur d'une incontournable émission de variétés, *36 chandelles*, qui fit notamment connaître Fernand Raynaud. Je suis moi-même passé dans son émission, et je n'imaginais évidemment pas que, plus de quarante ans après, je recevrais le prix Jean-Nohain pour mon livre *Le Temps des avants*.

13. RAYMOND ASSO (1901-1968) – Parolier français né à Nice. Il connaît le succès avec Marie Dubas puis Édith Piaf. Toutes deux ont chanté *Le Fanion de la Légion* et *Mon légionnaire* (reprise par Serge Gainsbourg en 1989). Raymond Asso a souvent écrit sur des musiques de Marguerite Monnot et de Claude Valéry – notamment le magnifique *Comme un petit coquelicot* si bien interprété par Mouloudji.

14. Philippe Clay (1927-2007) – De très haute taille, très mince, des mains immenses, environné d'une lumière verdâtre, il m'avait fait une forte impression sur la scène de l'Olympia où il interprétait à la perfection ma chanson *Le Noyé assassiné* (sur une musique de Florence Véran). Il a fait une belle carrière au cinéma, à la télévision et au théâtre (plus de soixante-dix films et téléfilms et plus de cinquante pièces). Il a connu un grand succès avec *Le Danseur de charleston* (paroles et musique de Jean-Pierre Moulin).

15. Jean-Louis Marquet – Un ami de jeunesse, devenu un temps mon imprésario, avant l'avènement de Sayan Ier.

16. Florence Véran (1922-2006) – Chanteuse française et compositrice, elle a notamment composé *Gigi, Dis-moi, tambour* et, pour moi, *Je hais les dimanches, Le Noyé assassiné, Mam'zelle Fifi*.

17. Richard Marsan – Excellent imitateur, il est devenu mon directeur artistique chez Barclay, puis celui de Léo Ferré et de Bernard Lavilliers. Florence Véran, Jean-Louis Marquet et Richard furent de très bons amis de mes débuts.

18. Éditions Raoul Breton – Après la disparition de Raoul en 1959, son épouse, « la Marquise » (ainsi surnommée par Jean Cocteau), a poursuivi l'activité de la maison, que Gérard Davoust et moi avons reprise en 1992. Nous sommes fiers aujourd'hui de travailler avec des auteurs-interprètes tels que Serge Lama, Lynda Lemay, Grand Corps Malade, Agnès

Bihl, Sanseverino, Alexis HK, Nana Mouskouri, Dominique Fillon, Mariné Gyulumyan, etc., et de poursuivre, dans la ligne du « Prince des éditeurs et de l'éditeur des Princes », l'activité menée depuis les débuts sur les œuvres du catalogue de Charles Trenet, Mireille et Jean Nohain ou encore Félix Leclerc.

19. LE PRIX CHARLES-CROS – Depuis 1948, l'académie attribue chaque année des grands prix du disque qui récompensent des œuvres musicales. Elle a été créée en l'honneur de Charles Cros (1842-1888), poète, ami d'Arthur Rimbaud et de Paul Verlaine, inspirateur du surréalisme et inventeur, un an avant sa mort, d'un appareil à reproduire le son : le paléophone, ancêtre du phonographe. L'un de ses poèmes, *Sidonie*, a été mis en musique par Jean-Max Rivière et Yannis Spanos, et chanté par Brigitte Bardot dans le film de Louis Malle *Vie privée*.

20. GEORGES ULMER (1919-1989) – Un auteur-compositeur-interprète et acteur d'origine danoise et naturalisé français, pour lequel j'avais beaucoup d'amitié et d'admiration. Il a chanté *J'ai bu* avant moi ! J'aime énormément sa version, qui a d'ailleurs contribué à me faire connaître. Il a, entre autres, écrit et composé avec Géo Koger et Guy Luypaerts la chanson mondialement connue *Pigalle*. Mon ami André Bernard a eu l'heureuse initiative de faire chez Frémeaux et Associés une réédition intégrale de ses enregistrements, que je recommande, et que l'on découvrira ou redécouvrira avec bonheur.

21. L'Étoile de cristal – Prix prestigieux du cinéma français décerné entre 1955 et 1975. C'est l'Académie du cinéma qui l'a créé, à l'initiative du compositeur Georges Auric. Les lauréats étaient choisis parmi les critiques et les artistes de tous les secteurs de l'industrie cinématographique française. Pour mon rôle de Heurtevent dans *La Tête contre les murs*, j'ai obtenu le prix d'interprétation.

22. Léon Xanrof (1867-1953) – Auteur-compositeur et chansonnier (notamment au Chat noir, à Montmartre), il a écrit de nombreux contes, nouvelles, comédies, revues et opérettes. Il a notamment adapté en français la célèbre opérette *Rêve de valse*, sur une musique d'Oscar Strauss.

23. Cole Porter (1891-1964) – Incroyablement doué, cet Américain fut l'auteur et le compositeur de très nombreuses et célèbres comédies musicales de Broadway dont sont issus la plupart des grands standards du jazz et de la chanson. Il aimait beaucoup la France où il a séjourné longtemps. En quarante ans, il a écrit les paroles et la musique (ce qui est très rare) de près de trente comédies musicales, dont la majorité furent des succès.

24. Irving Berlin (1888-1989) – Compositeur américain d'origine russe, célèbre pour ses comédies musicales, il a composé pendant la guerre de 1914-1918 *God Bless America*, devenu le deuxième hymne des États-Unis, ainsi que l'inusable *White Christmas* (*Noël blanc*).

25. Benny Goodman (1909-1986) – Arrangeur et chef d'orchestre. Comme moi, il a commencé très tôt, à onze ans, et ses premiers cachets lui ont servi à aider ses parents. Il a harmonieusement marié la clarinette style klezmer, le swing et le jazz. Dès 1935, il a rencontré un jeune public, et il a été l'un des premiers à engager des musiciens noirs (Teddy Wilson, Lionel Hampton, Charlie Christian, etc.). Quand je me suis produit pour la première fois au Carnegie Hall, j'ai eu une pensée pour Benny, qui y avait commencé sa carrière de soliste et que des musiciens comme Duke Ellington et Count Basie y avaient accompagné.

26. Stan Kenton (1911-1979) – Chef d'orchestre américain, compositeur, pianiste de jazz et grand arrangeur. Il a fait un album inoubliable avec Frank Sinatra. Quand je suis venu à Broadway pour la première fois, il comptait parmi les musiciens les plus importants à l'époque.

27. Al Jolson (1886-1950) – Chanteur et acteur, il a fait une très longue carrière. Il a été l'un des artistes les plus populaires du music-hall aux États-Unis et a inspiré de grands crooners comme Bing Crosby ou Eddie Fisher.

28. Le duo Roche et Aznavour – Pierre Roche composait les musiques, j'écrivais les textes et nous nous produisions avec Édith Piaf lors de ses tournées en France. Ensemble, nous sommes partis à la conquête du Québec où nous avons rencontré nos premiers succès. De 1947 à 1950, nous avons enre-

gistré six soixante-dix-huit tours, dont la chanson *J'ai bu*, qui serait récompensée par le grand prix du disque. Finalement, Roche a décidé de s'installer au Québec et nous nous sommes séparés en toute amitié, au terme de neuf années de plaisir partagé.

29. Sergueï Paradjanov (1924-1991) – Metteur en scène critiqué à une certaine époque en URSS, il est considéré en Arménie comme un grand cinéaste national, et la ville d'Erevan lui a consacré un musée, que j'ai visité.

30. Missak Manouchian (1906-1944) – Cet ami de mes parents, ainsi que je l'ai souvent raconté, était un militant communiste de la Main-d'œuvre immigrée (MOI) et un commissaire militaire des Francs-tireurs et Partisans (FTP-MOI). Avec les camarades de son groupe, il est mort fusillé par les nazis au fort du mont Valérien.

31. *Hayastan* – Le nom de l'Arménie, dans la langue. *Hay* signifie « arménien ».

32. *Pranguasti* – Ce mot signifie « français » en arménien.

33. Jacques Plante (1920-2003) – Auteur de chansons, il a notamment écrit *Les Comédiens*, *For me formidable* et *La Bohème*.

34. Une statue à Gumri – Au cœur de la place qui porte mon nom, se dresse ma statue, érigée en remerciement pour mon soutien à la reconstruction de la ville, après le tremblement de terre survenu à l'hiver 1988. J'ai également fait appel, en 1989, à quatre-vingt-dix artistes français pour la chanson

Pour toi Arménie, qui a connu un très joli succès. Par la suite, j'ai été nommé ambassadeur permanent en Arménie par l'Unesco.

35. Gumri – Le 7 décembre 1988, cette ville arménienne a été dévastée par un tremblement de terre de magnitude 6,9 sur l'échelle de Richter, qui a fait environ 30 000 victimes et plus de 15 000 blessés.

36. Ararat – Symbole de l'Arménie. Dans la Genèse, il est écrit qu'après le Déluge, l'arche de Noé aurait achevé son voyage sur le mont Ararat.

37. Lévon Ter-Petrossian – Président de la république d'Arménie de 1991 à 1998.

38. La loi du silence et de l'oubli – Le 29 mai 1998, l'Assemblée nationale a voté à l'unanimité une proposition de loi : « La France reconnaît publiquement le génocide arménien de 1915. » Après deux ans de bataille législative, le Sénat l'a adoptée le 7 novembre 2000. Enfin, le 18 janvier 2001, dans le cadre de la navette parlementaire, l'Assemblée nationale l'a votée une nouvelle fois. La loi a été publiée au *Journal officiel* le lendemain.

Les Albums de Charles Aznavour

Jezebel – Le Feutre taupé – Sur ma vie – Bravos du music-hall – C'est ça – Je m'voyais déjà – Il faut savoir – Qui – La Mamma – Hier encore – 65 – La Bohème – De t'avoir aimée – Entre deux rêves – Désormais – Idiote je t'aime – Visages de l'amour – Voilà que tu reviens – Je n'ai pas vu le temps passer – Autobiographie – Une première danse – Charles chante Aznavour & Dimey – Toi et moi – Aznavour 92 – Je bois – Embrasse-moi – L'Essentiel – Être – Mes amours – Pierre Roche/Charles Aznavour – Plus bleu – Jazznavour – Aznavour 2000 – Je voyage – Insolitement vôtre – Colore ma vie – Duos (double album) *– Charles Aznavour et the Clayton Hamilton Jazz Orchestra chez Capitol Jazz – 20 chansons d'or – 40 chansons d'or – Récital au Palais des Congrès 87* (extraits) *– Récital au Palais des Congrès 87* (intégral) *– Olympia 1978 – Palais des Congrès 97/98 – Palais des Congrès 2000 – Live à l'Olympia – Aznavour/Minnelli.*

Les Intégrales CD

1995 – *L'Authentique – Colonne Morris* – 30 CD
1998 – *Aznavour live à l'Olympia* – Coffret 6 CD luxe format vinyle
1998 – *L'Authentique* – Nouvelle présentation de l'intégrale de 30 CD
2004 – *Intégrale Charles Aznavour – Arc de Triomphe* – 44 CD, incluant les live

Les Concerts

1965 – *The World of Charles Aznavour – All About Love* (Hollywood, 19 novembre 1965)
1968 – *Face au public* (Paris – Olympia)
1968 – *Aznavour in Tokyo* (Tokyo)
1971 – *Charles Aznavour live in Japan* (Tokyo)
1973 – *Aznavour, chez lui, à Paris* (Olympia)
1973 – *Ce soir-là, Aznavour. Son passé au présent* (Paris – Olympia)
1976 – *Plein feu sur Aznavour* (Paris – Olympia)
1976 – *Live in Japan 76* (Tokyo)
1978 – *Guichets fermés* (Paris – Olympia)
1981 – *Charles Aznavour est à l'Olympia* (Paris)
1987 – *Récital Aznavour* (Paris – Palais des Congrès)
1995 – *Aznavour-Minnelli au Palais des Congrès de Paris*

1995 – *Palais des Congrès* (Paris) – à vérifier
1996 – *Charles Aznavour au Carnegie Hall* (New York)
1999 – *Palais des Congrès 97/98* (Paris)
2005 – *Bon anniversaire Charles* – Palais des Congrès 2004 (Paris)

Les Vidéos

Charles Aznavour 2000
Aznavour live à l'Olympia
Aznavour live 97/98
Aznavour-pour toi Arménie
Aznavour à Carnegie Hall
Aznavour Minnelli
Aznavour au Palais des Congrès de Paris

Les DVD

Live au Palais des Congrès (1994, 1997/1998, 2004)
Olympia (1968, 1972, 1978, 1980)
Toronto 1980 – Bonus du coffret Aznavour/Indispensables
Charles Aznavour au Carnegie Hall – New York (juin 1996)
Pour toi Arménie – Concert à l'Opéra d'Erevan (septembre 1996)

Charles Aznavour 2000 – Concert intégral
Bon anniversaire Charles – Palais des Congrès 2004
Bon anniversaire Charles – Spectacle télédiffusé pour le 80e anniversaire de Charles Aznavour (22 mai 2004)
The Royal Opera – Die Fledermaus – Convent Garden, Londres (31 décembre 1983)
Aznavour – Palais des Congrès de Paris (1987)
Charles Aznavour en concert à Erevan (2007)
Charles Aznavour et ses amis au Palais Garnier (2008)

CHARLES AZNAVOUR AU CINÉMA

1936 – *La Guerre des gosses* Jacques Daroy
1938 – *Les Disparus
     de Saint-Agil*   Christian-Jaque
1945 – *Adieu chérie*   Raymond Bernard
1949 – *Dans la vie
     tout s'arrange*   Marcel Cravenne
1956 – *Une gosse sensass'* Robert Bibal
1957 – *C'est arrivé à
     36 chandelles*   Henri Diamant-Berger
1957 – *Paris music-hall*   Stany Cordier
1958 – *Pourquoi viens-tu
     si tard ?*   Henri Decoin
1959 – *La Tête contre
     les murs*   Georges Franju

À VOIX BASSE

1959 – *Le Testament
         d'Orphée*   Jean Cocteau
1959 – *Les Dragueurs*   Jean-Pierre Mocky
1960 – *Le Passage du Rhin*   André Cayatte
1960 – *Tirez sur le pianiste*   François Truffaut
1961 – *Horace 62*   André Versini
1961 – *Les Lions sont lâchés*   Henri Verneuil
1961 – *Les Petits Matins*   Jacqueline Audry
1961 – *Un taxi
         pour Tobrouk*   Denys de La Patellière
1962 – *Le Diable et les dix
         commandements*   Julien Duvivier
1962 – *Les Quatre Vérités*   René Clair
1962 – *Le Rat d'Amérique*   Gabriel Albicocco
1962 – *Pourquoi Paris ?*   Denys de La Patellière
1962 – *Tempo di Roma*   Denys de La Patellière
1963 – *Les Vierges*   Jean-Pierre Mocky
1964 – *Cherchez l'idole*   Michel Boisrond
1964 – *Alta Infedeltà*   Elio Petri
1965 – *La Métamorphose
         des cloportes*   Pierre Granier-Deferre
1965 – *Paris
         au mois d'août*   Pierre Granier-Deferre
1966 – *Le facteur s'en va-
         t-en guerre*   Claude Bernard-Aubert
1968 – *Candy*   Christian Marquand
1968 – *Caroline chérie*   Denys de La Patellière
1968 – *L'Amour*   Richard Balducci
1969 – *Le Temps des loups*   Sergio Gobbi
1969 – *The Adventurers*   Lewis Gilbert

1969 – *The Games*   Michael Winner
1970 – *Un beau monstre*   Sergio Gobbi
1971 – *La Part des lions*   Jean Larriaga
1971 – *Les Intrus*   Sergio Gobbi
1972 – *The Blockhouse*   Clive Rees
1974 – *Dix petits nègres*   Peter Collinson
1976 – *Folies bourgeoises*   Claude Chabrol
1976 – *Intervention delta*   Douglas Hickox
1978 – *Ciao les mecs*   Sergio Gobbi
1979 – *Claude François le film de sa vie*   Samy Pavel
1979 – *Le Tambour*   Volker Schlöndorff
1981 – *Qu'est-ce qui fait courir David ?*   Élie Chouraqui
1982 – *Édith et Marcel*   Claude Lelouch
1982 – *La Montagne magique*   Hans Geissendörfer
1982 – *Les Fantômes du chapelier*   Claude Chabrol
1982 – *Une jeunesse*   Moshé Mizrahi
1983 – *Viva la vie !*   Claude Lelouch
1985 – *Paolino, la juste cause et une bonne raison*   François Reichenbach
1986 – *Yiddish connection*   Paul Boujenah
1988 – *Mangeclous*   Moshé Mizrahi
1991 – *Les Années campagne*   Philippe Leriche
1992 – *Il Maestro*   Marion Hansel
1997 – *Pondichéry, le dernier comptoir des Indes*   Bernard Favre

À VOIX BASSE

1997 – *Le Comédien*	Christian de Chalonge
2001 – *Ararat*	Atom Egoyan
2005 – *Emmenez-moi*	Edmond Bensimon
2006 – *Vendetta*	Denis Berry
2006 – *Mon colonel*	Laurent Herbiet
2009 – *Là-haut*	Pete Docter, film d'animation (la voix de Charles Aznavour)

Les Courts-métrages

1959 – *Gosse de Paris*	Marcel Martin

La Télévision

1985 – *Paolino, la juste cause et une bonne raison*	François Reichenbach
1985 – *Le Paria*	Denys de La Patellière
1989 – *Laura*	Jeannot Szwarc
1991 – *Il Ritorno di robot*	Pino Passalacqua
1991 – *Le Chinois*	G. Marx/ R. Bodegas-Rojo
1991 – *Le Jockey de l'Arc de Triomphe*	Pino Passalacqua
1993 – *Un alibi en or*	Michèle Ferrand
1994 – *Baldipata*	Michel Lang

1996 – *Baldipata et
    la voleuse d'amour*   Claude d'Anna
1996 – *Baldipata et
    les petits riches*   Claude d'Anna
1997 – *Sans cérémonie*   Michel Lang
1997 – *Le Serment
    de Baldipata*   Claude d'Anna
1998 – *Baldipata
    et radio-trottoir*   Claude d'Anna
1999 – *Baldipata et Tini*   Michel Mess
1999 – *Les Mômes*   Patrick Volson
2001 – *Passage du bac*   Olivier Langlois
2004 – *Le Père Goriot*   Jean-Daniel Verhaeghe

Le Théâtre

1933 – *Émile et
    les détectives*   Studio
                          des Champs-Élysées
1935 – *Margot*   Pierre Fresnay – Marigny
1935 – *Beaucoup de bruit
    pour rien*   La Madeleine
1936 – *L'Enfant
    La Compagnie
    La Saison nouvelle*   L'Odéon
1939 – *Les Fâcheux*   Jean Dasté – En tournée
1939 – *Arlequin magicien*   Jean Dasté – En tournée

Les Revues

1935 – *Ça c'est Marseille*   Henri Varna – Alcazar Paris
1936 – *Vive Marseille*   Henri Varna – Alcazar Paris
1938 – *Son excellence*   Théâtre des Variétés Paris

La Bibliographie

Charles Aznavour – Un homme et ses chansons (l'intégralité de ses chansons), Livre de Poche, 1996

Le Temps des avants – Mémoires de Charles Aznavour, Flammarion, 2003

Images de ma vie – Album illustré et dûment commenté, Charles Aznavour, Flammarion, 2005

Mon père, ce géant – Recueil de nouvelles de Charles Aznavour, Flammarion, 2007

Le Site officiel

www.c-aznavour.com

Oh les mecs, mes parents m'ont acheté
Un bouquin !
Que, semble-t-il, tous les jeunes qui veulent entrer
Dans le show-business
Devraient lire.

Fais voir qui c'est qui l'a écrit ?

Charles Aznavour.
Un vieux de la vieille.

Qu'est-ce qu'il peut bien nous dire, le vieux ?

J'en sais rien, j'ai promis au mien que je le lirais
Quand j'aurais rien à faire.

Justement t'as rien à faire comme d'habitude,
Tu pourrais peut-être nous en dire quelques lignes.
Il va nous bassiner avec des maximes
Et des conseils
Dont nous n'avons rien à faire.

Justement non, paraît-il.

CHARLES AZNAVOUR

Bon moi, ton Navour, j'ai rien contre lui.
Habituellement il ne dit pas trop de conneries.

Oui, il serait plutôt de notre côté,
Et puis il ne fait pas de politique,
Et dans sa famille, il a accepté
Des gens de toutes couleurs
Et de toutes religions.

Ouais, paraît qu'il dit en rigolant
Qu'il a une famille Benetton.

Il se marre, j'espère.

Ben oui, bien sûr.

C'est un fils d'émigrants ?

Comme bon nombre d'entre nous.

Bon, assez parlé pour ne rien dire.
On va commencer à le lire.
S'il nous les casse on s'arrêtera, et basta.
D'accord ?

D'accord.

RÉALISATION : NORD COMPO À VILLENEUVE-D'ASCQ
IMPRESSION : CPI FIRMIN DIDOT AU MESNIL-SUR-L'ESTRÉE
DÉPÔT LÉGAL : OCTOBRE 2009. N° 100546 (96927)
Imprimé en France